Karin Steger • **Hättest halt kein Kind gekriegt!**

W0084591

Karin Steger

Hättest halt kein Kind gekriegt!

Auf der Suche nach mütterlicher Identität
in der Leistungsgesellschaft

www.kremayr-scheriau.at

ISBN 978-3-7015-0565-4
Copyright © 2014 by Orac/Verlag Kremayr & Scheriau GmbH & Co. KG, Wien
Alle Rechte vorbehalten
Schutzumschlaggestaltung: Sophie Gudenus
Unter Verwendung eines Fotos von Marina Zlochin/Fotolia.com
Layout & typografische Gestaltung: Birgit Mayer, Extraplan
Druck und Bindung: Druckerei Theiss GmbH, St. Stefan i. Lavanttal

Nun, da es fertiggeschrieben ist,
möchte ich dieses Buch meinen Liebsten widmen.
Meiner Mutter,
meiner Tochter Victoria,
meinem Mann Gregor
und unserem kleinen Sohn Emmanuel.
In dieser Reihenfolge seid ihr in mein Leben gekommen.
Ohne euch gäbe es nicht dieses Buch,
und ohne euch wäre mein Leben nicht das, was es ist.
Wie gut, dass ihr da seid!

Inhaltsverzeichnis

TEIL I: ALLEINERZIEHERIN
Es geht sich nicht aus.
Zusammenbruch. Und eine Krise als Anfang.

TEIL II: PAARBEZIEHUNG
Liebe und Streit.
Aber worum geht es hier eigentlich?

TEIL III: FAMILIE
Wiederholungen. Wertschätzung. Wunder.
Und warum wir ein anderes Wirtschaftssystem brauchen

TEIL IV: NEULAND BETRETEN
Emanzipation und Geborgenheit.
Die Quadratur des Kreises und ein lächelnder Delfin.

Vorwort

Wie wird man freier?
Wie kann man endlich mehr Zeit für sich haben?
Wie lernt man Vertrauen?
Wie lässt man Zukunftsängste beiseite?

Viele Eltern stehen enorm unter Druck.
In einer wirtschaftlich unsicheren Zeit sollen sie ihren Kindern möglichst viel Sicherheit geben. Wer versucht, Beruf und Familie zu kombinieren, gerät beim Geldverdienen aber rasch ins Hintertreffen. Die Einkommens- und Armutsstatistiken machen es deutlich: Besonders Mütter werden in unserem Wirtschaftssystem eindeutig benachteiligt.
Kinder haben in unserem Bewusstsein keine eigene Bedeutung. Sie werden erzogen, gebildet, bewertet, verwaltet. Ihre liebevolle Begleitung und die Familienarbeit insgesamt werden in unserer Gesellschaft gering geschätzt.
Viele Frauen wissen das und verschieben deshalb den Zeitpunkt des Kinderkriegens immer weiter nach hinten. Oder sie entscheiden sich überhaupt gegen eigene Kinder, um so dem Dilemma der Doppelbelastung und des drohenden Karriereverlustes zu entgehen.
Kinder haben und sie begleiten, bräuchte vor allem: *Zeit.*
Meine eigenen Erfahrungen als Mutter decken sich mit denen meiner allermeisten Freundinnen: Hetzen. Hamsterrad. Und dazu das Gefühl, trotzdem nie gut genug zu sein.
Als ich am Abgrund eines Burn-Outs angelangt war, musste ich innehalten.
In dieser tränenreichen Zeit habe ich mit dem Schreiben begonnen. In meiner Krise war ich zunächst bitterböse auf alles, was mir als Mutter das Leben so schwer gemacht hat. Ich war doch *emanzipiert,* warum war plötzlich alles so schwer?

Die wirklich großen Herausforderungen lassen sich aber durch Räsonieren über gesellschaftliche Verhältnisse alleine nicht lösen. Veränderungen können meiner Erfahrung nach erst dann entstehen, wenn man die außen wahrnehmbare Schieflage auch in sich selbst erkennt. Folgende Frage hat mich also während des Schreibens am meisten beschäftigt: Inwiefern hängen meine eigenen inneren Bilder zum Thema Mutterschaft mit den Höhen und Tiefen meines Frauenlebens zusammen?

Dieses Buch ist über einen Zeitraum von sieben Jahren entstanden. Es erzählt von meinen persönlichen Erfahrungen, von meinem Hadern und später immer öfter davon, wie ich als Mutter doch noch zu mehr Ruhe und Zufriedenheit gefunden habe.

Dieses Buch ist eine Chronik meiner Suche nach der eigenen mütterlichen Identität.

Ich wünsche mir, dass ich damit viele lebendige Diskussionen anregen kann. Über unser Wirtschaftssystem und über unsere Beziehungen und Aufgaben in den Familien.

Über die Möglichkeiten, sich selbst zu verändern, und natürlich auch über gesellschaftliche Impulse und Veränderungen für mehr Lebensqualität.

Teil I: ALLEINERZIEHERIN

Es geht sich nicht aus.
Zusammenbruch. Und eine Krise als Anfang.

Mama ist hilflos

Irgendetwas sagt mir, dass ich trotzdem keine schlechte Mutter bin. So lange ich irgendwie konnte, habe ich versucht, alles richtig zu machen. Möglicherweise war genau das mein Fehler?

Ich sitze auf einem Stuhl im Wohnzimmer, und auf meinem Schoß sitzt meine kleine Tochter, sie schaut mit dem Gesicht zu mir her, und legt dann ihren Kopf über meine rechte Schulter. Sie streichelt mir über die Haare und über meinen Rücken, spricht mit gesenkter Stimme und redet auf mich ein wie auf ein krankes Pferd: *Aaaaalles wird guuuut. Gaaaanz ruuuhig.* Sie stupst mit ihrer kleinen Nase an mein Gesicht. *Gaaaanz ruuuhig, Mami.*

Meine Tochter ist siebeneinhalb, und ihre Mami kann nicht mehr. Sitzt da und heult. Die Augen geschwollen, das Gesicht salzig und nass. *Gaaaanz ruuuhig,* sagt die gesenkte Kinderstimme. *Jaaaaa, Mama ... aaalles wird guuut.*

Die Mami weint

Herzrasen, Nierenschmerzen, Schlaflosigkeit. So geht das jetzt seit ein paar Wochen und es wird immer schlimmer. Ich fühle mich alleingelassen. Ich kann nicht mehr.

Ich kriege keine Luft mehr und zittere. So wache ich auf, an jedem Morgen. Mein Körper funktioniert nicht mehr wie sonst.

Mir war, mir ist, andauernd schlecht. Kopfweh, und nun auch der Hals, aber nicht innen, sondern außen. Der Hals fühlt sich manchmal an, als würde er seitlich platzen wollen.

Wut und Trauer haben sich also auf mein Herz und auf meine Nieren geschlagen.

Und weil mir mein Herz und die Nieren immer wieder so weh tun, sind die anderen, die kleineren Symptome fast schon wieder egal. Übelkeit? ... Ja, sowieso ... Und Kopfweh? ... immer wieder ... Schlaflosigkeit? ... eigentlich schon, aber ich weiß ja gar nicht mehr, wann das damals angefangen hat ..., ich meine, ... ich glaube, dass ich in letzter Zeit ... schon wieder ein bisschen besser ...?

Nein, also ... die Schlaflosigkeit, die ist nicht so schlimm.

Der Versuch eines Lächelns. Anscheinend habe ich mich daran gewöhnt, dass ich nachts wach liege, die Augen geschlossen, und stundenlang immer wieder auf der Suche bin nach einer halbwegs bequemen Stellung. Vor allem der Kopf! Ich kann kaum eine bequeme Position für ihn finden. Irgendetwas glüht in mir, heiß ist es und unbequem und es rattert und pocht. *Das geht schon,* werde ich demnächst zu meinem behandelnden Arzt sagen. *Nein, schlafen ist kein Problem.*
Schon wieder bin ich dabei, meine Beschwerden herunterzuspielen. Ich will es einfach nicht wahrhaben. Ich trage noch immer das Bild einer unverwundbaren Superheldin in mir. Wie eine Comicfigur: mit großen, schweren Stiefeln, mit windzerzausten Haaren. Eine, die alles schafft. Alles kann.
Mein Selbstbild: erfolgreich, sehr kommunikativ, strahlend. Macht *alles mit links.* Immer ein offenes Ohr auch für andere, und das Ganze als alleinerziehende Mutter.

Aber ...

Seit ein paar Wochen habe ich alles, was irgendwie vermeidbar war, abgesagt. Seminare an der Universität, die ich hätte abhalten sollen. Sendungen, die ich sonst moderiert hätte. Treffen mit Freunden.
Hab mich über eine Grippe gefreut, endlich ins Bett! Und die Wahrheit ist: Ich kriege keine Luft mehr.

Schon bevor ein behandelnder Arzt es ausgesprochen hatte, war mir klar: So etwas heißt Burn-Out-Syndrom. Die Superfrau geht in die Knie. Sie zieht Bilanz. Fragt sich: Woher kommt dieser Widerstand? Wie hat das alles angefangen? Bevor ein normales Telefonat zu einem schier unüberwindbaren Hindernis geworden ist.

In meinem Körper tobt ein Krieg. Schon in der Früh, wenn ich aufwache, zittere ich. Kann nicht frei atmen, die Brust ist zu eng. Entweder mich fröstelt, oder ich habe das Gefühl, innerlich zu glühen. Nichts ist normal.
Ich habe in der Nacht nicht geschlafen, weil ich nicht abschalten konnte.

Aber jetzt will ich weiterschlafen. Will meine Augen nicht aufmachen müssen.

Manchmal, ganz kurz, einen Augenblick lang: feine, kleine Glücksmomente.

Kann also alles nicht so schlimm sein, denke ich mir.

Gestern, da habe ich mich einen Augenblick lang gefreut, weil sich in mein Zimmer die Sonne hereintastete.

Ein zartrosa Morgenlicht, *fein ist das. Sogar jetzt im November …!*
Diese Zustimmung hielt nicht lange an, sie wurde gleich anschließend zu … *sie soll doch ruhig scheinen!* Trotz hat sich eingemischt, … *es stört mich ja nicht!* Gleich war ich wieder nur noch genervt. Meine Kraft reichte für so etwas wie Freude über einen Sonnenstrahl ganz einfach nicht aus.

Ich hab mich ruckartig umgedreht, Augen zu … *Aber was, scheiß auf die Sonne!*

Eingeknickt

Ich kann nicht mehr
heißt eigentlich:
Ich *mag* nicht mehr.
Ich mag nicht mehr funktionieren.
Ich stelle mich tot.
Ich hab keine andere Wahl.

Ich habe erfahren, dass auf meine Schwierigkeiten (oder wie ich versucht habe, sie zu kommunizieren) niemand reagiert hat.
Eine unbeschreibliche Wut und Enttäuschung in mir über dieses Alleingelassen-Sein lähmt im Moment alles andere.

Ich bin über die Jahre,
schön langsam,
wie in Zeitlupe,
eingeknickt

Ich habe da und dort immer wieder versucht zu signalisieren, dass ein bisschen mehr Unterstützung für eine alleinerziehende Mutter wirklich nicht schlecht wäre; aber das Echo war nahe bei Null. Meine Eltern? Zu sehr mit ihrem eigenen Leben beschäftigt. Meine jeweiligen Arbeitgeber? Nicht zuständig für mein Glück.

Alle schienen sich sicher zu sein, dass ich das schon irgendwie schaffen würde.

Wenn also auf meine stillen Hilferufe und auf meine wütende, innere Einsamkeit wieder einmal niemand reagiert hat, bin ich jedes Mal schnurstracks wieder in meine gut angepasste Lebensrolle geschlüpft, so als wäre sie ein Kleid. Und zwar das einzige, das ich besitze. Ich habe sie mir wieder angezogen, und habe mich in meiner gewohnten Rolle schnell wieder sicher gefühlt. Nach außen hin *stark und strahlend*.

Fröhlich. Eine Wow-wie-die-das-alles-schafft-Mutter.

Jetzt schmerzt ein riesiger Stein in meiner Brust.

Ich *hoffe,* dass es nur ein Stein ist.

Es gibt auch Tage, da fühlt es sich an wie eine Granate, und ich hab Angst, dass sie demnächst explodiert. Wenn es gerade ganz schlimm wird, dann denke ich, dass es mich demnächst zerreißen wird. Zerfetzen.

Ich schlürfe Nierentee, er schmeckt ganz gut, und eine Kollegin empfiehlt mir „Nervenruh". Ich hab sie gerade angerufen, und habe die Sendungen für kommende Woche, die ich moderieren sollte, abgesagt. Ich habe bis zum letzten Moment überlegt, ob ich es nicht doch irgendwie schaffen könnte. *Ich will nicht aufgeben,* immer noch nicht.

Ich frage verallgemeinernd, und meine mich selbst: Was muss passieren, damit eine Mutter zugibt, dass sie krank ist? Und dass sie so nicht mehr weitermachen kann?

Rückzug

Mittlerweile ist mir alles, sogar ein einzelner Telefonanruf, zur unerträglichen Last geworden. Allerkleinste Verpflichtungen verschiebe ich tagelang, wochenlang, und ich wuchte die unerledigten Dinge wie große, schwere dunkle Wolken vor mir her. Anstrengend.

Ich bin mir selbst noch ziemlich fremd in diesem Zustand. Kann ich mich anderen so anvertrauen?

Die ersten zwei Wochen ab dem Verlassen meiner Scheinstärke verbringe ich wie in Trance. Ich kommuniziere wenig, bin still. Bin ohne mein Sprechen und ganz nahe bei mir. Das Schweigen scheint mir in diesem Moment als die einzig mögliche Form des Seins.

Nach ungefähr zwei Wochen beginne ich erstmals, mich bei einer Freundin auszusprechen, und schon bald fließen die Tränen.

Es ist ein Strömen. Alle Dämme sind gebrochen, und ich selbst bin der Fluss.

Ich beginne zu erzählen, in was für einen Film ich da geraten bin. Ich taste mich langsam an meine Gefühle heran. Ich erzähle.

Erzähle nun Freundinnen von meinen körperlichen Symptomen. Erzähle von Herzrasen, erzähle von Schlaflosigkeit und bekomme von Freundinnen, die ebenfalls Mütter sind, immer wieder die eigenen *Geheimwaffen* präsentiert: Angeblich ganz harmlose Medikamente dienen unauffällig als Auffangnetz, und sehr viele Mütter in meinem Freundinnenkreis können ein Lied davon singen.

Für mich ist diese Information etwas vollkommen Neues. Bei jedem Gespräch bekomme ich außerdem noch eine Woge von guten Wünschen und eine Welle von Mitgefühl.

Nach fast jedem Gespräch bin ich um ein Zettelchen mit den Namen von ein oder zwei Medikamenten reicher. Pillen oder Tropfen, die angeblich Besserung oder zumindest eine Beruhigung versprechen. *Das nehm' ich seit Jahren.* Oder: *Das nehme ich immer, wenn's mir gerade wieder sehr schlecht geht.* Oder: *Ohne das könnte ich sowieso gar nicht einschlafen …*

Ich staune.

Ich beginne zu realisieren, dass es vielen, oder dass es anscheinend fast allen Müttern in meinem Freundeskreis schon einmal ähnlich ergangen ist. Fast alle scheinen zu kennen, wovon ich stockend erzähle. Die meisten kämpfen mit Gefühlen und Symptomen, wie ich sie vor ein paar Monaten hatte. Sozusagen mit der Vorstufe.

Die Parole lautet: *durchhalten.* Freiwillig sagt keine von uns, dass sie ganz einfach nicht mehr weiter weiß. Ich bekomme von immer mehr Müttern ganz viele unterschiedliche Tipps: Welche angeblich harmlosen Nervenberuhigungsmittel man auch über längere Zeit gut nehmen kann, und was man dann noch zusätzlich hinunterschlucken kann, wenn's gerade wieder einmal ganz arg wird. Also *im Notfall.*

Das alles hat etwas Unheimliches.

Ich will mich nicht *beruhigen.* Da bin ich mir ganz sicher!

Ich möchte schon gerne irgendwann einmal wieder ruhiger werden, aber in meiner eigenen Zeit, nach diesem Sturm, und aus mir heraus.

Ich will nichts beschönigen, will nun nichts mehr behübschen.

Ich spüre: Je weniger Wimperntusche ich auftrage, desto besser ist das für mich. Mein eigenes Spiegelbild, ein Gesicht mit roten, geschwollenen Augen, wird mir mit jedem Tag ein bisschen vertrauter. Wir freunden uns an.

Ich heul' noch ein paar Tage weiter, schlafen und heulen und schlafen … es beutelt mich hin und her, und irgendwann, während ich in meinen Polster schluchze und schluchze, streift mich trotz allem dieses Gefühl, dass ich eines Tages wieder gesund sein werde. Wann oder wie, weiß ich noch nicht.

Salzige Tränen, klebrige Wangen. Aber der Stein in meiner Brust wird dadurch jedes Mal ein bisschen kleiner. Schwer und schmerzhaft und spitz und beängstigend meldet er sich aus meinem Inneren, alle Tage und immer wieder. Bevor ich loslassen und meine Tränen fließen lassen kann, macht er mir richtig Angst.

Danach bade ich in meinem eigenen Meer.

Wenn ich meinen Widerstand aufgebe, kann ich mich manchmal voller Vertrauen in dieses große, reinigende Wasser fallen lassen.

Ich sehe nichts, ich habe kein Ziel. Meine Augen sind geschlossen. Ich lasse mich fortspülen, um irgendwann irgendwo möglichst heil anzukommen.

Entschlossenheitsanfall

Nach ein paar Tagen erwacht in mir eine kleine Entschlossenheit. Zart und fragil, sie taucht ganz langsam auf. Zeitgleich wird es ein kleines bisschen heller.

Ein Satz dreht sich in mir im Kreis, er dreht sich und er macht mich schwindlig: *Das kann doch nicht sein!*

Bitte, ehrlich, (und jetzt lauter) *das darf doch nicht sein ...!*

Ein kleiner Anfall von Weltverbesserung wirbelt durch meinen Kopf, es sind lauter Gedanken über den Zustand unserer Gesellschaft und wie sie mit dem Thema Mutterschaft umgeht, und all das will ich nicht länger so hinnehmen.

Allen geht's ähnlich, und alle wissen davon ... Und alle schauen wir hilflos zu, wie nicht nur in Einzelfällen sondern quasi flächendeckend die Beziehungen zerbrechen? Und wie Familien zerbrechen, weil sich Papa und Mama aus den Augen verloren haben bei ihren jahrelangen hilflosen Versuchen, miteinander oder nebeneinander ihre Kinder aufzuziehen und dazu das nötige Geld zu verdienen?

Natürlich bin ich in dieser Phase noch nicht in der Lage, ruhig oder gar differenziert über irgendetwas nachzudenken. Die Gedanken gehen im Kreis und die Gefühle haben eindeutig die Vorherrschaft. Tempowechsel und Stimmungsschwankungen kennzeichnen diese Tage.

Erwerbsgesellschaft, Leistungsdruck, die Kaufkraft erhöhen, ...

Solche Begriffe taumeln durch das Feld meiner Anklage, sie rattern pochend durch meinen Schädel, bis es wieder stiller wird. Ich werde müde.

Wir leben halt in einer seltsamen Zeit ...

Ich resigniere. Ich bin wie alle anderen.

Ich komme mir vor wie bei einem Angst machenden Film, in den ich eigentlich gar nicht hätte hineingehen wollen, aber nun läuft er halt. Und ich sitze da und versuche, möglichst unbeteiligt zu bleiben.

Die Gedanken über meine eigene Situation lösen sich auf. Mit geschlossenen Augen sehe ich nun meine Nachbarin Elif. Sie stammt aus der Türkei, hat drei Kinder, sie arbeitet halbtags. Sie und ihr Mann haben ein besonders niedriges Einkommen. In der zweiten Monatshälfte weiß sie oft nicht, womit sie Milch und Brot bezahlen soll.

Ihr Bild wird wieder unscharf, und es erscheint meine in Wien lebende afrikanische Freundin mit ihren zwei kleinen Buben und dem dritten Kind in ihrem Bauch. Sie ist Pharmaziestudentin, sie steht kurz vor dem Abschluss. Was wird aus ihr werden? Wer wird sie und ihre Familie unterstützen? Wie lange wird sie noch durchhalten können? Es gibt in meinem Bekanntenkreis so viele Mütter und Väter, denen es gar nicht gut geht. Wir *wissen* davon, denn man sieht ihnen die Erschöpfung und die Traurigkeit an. Eltern, die nichts geerbt haben (oder zumindest nichts, was ihnen in ihrer aktuellen Lebenssituation nützen könnte). Familien, in denen Mama *und* Papa arbeiten gehen und Geld verdienen *müssen,* damit es für alle irgendwie reicht.

Wir sehen, dass sich diese Eltern, und natürlich ganz besonders die Alleinerziehenden, in ihrem Hamsterrad abstrampeln. Sehen, dass so viele Mütter *immer* am Rande der gerade noch erträglichen Belastbarkeit herumlavieren.

Achselzucken.

Sie hat ja freiwillig ihr Kind bekommen.

Oder: *Wir müssen alle schauen, wie wir über die Runden kommen.*

Meine Augen sind angeschwollen. Ich weine, in Wellen.

Ich fühle mich fiebrig, aber gleichzeitig fühle ich mich, als wäre ich auf einem mir unbekannten Weg einer Besserung. Aus irgendeinem Grund, den ich überhaupt nicht verstehe, vermittelt mir dieses Weinen auch so etwas wie Zuversicht.

Einen Weg finden

Am nächsten Morgen beobachte ich meine kleine Tochter, wie sie gerade über einzelne Bretter des mehrfarbigen Vorzimmerbodens surft. Die helleren Bretter sind ihre *Schiffe,* sagt sie zu sich selbst. Und wie in Zeitlupe bewegt sie sich. Es ist eine Bewegung wie mit Rollschuhen, oder wie beim Langlaufen. Sie rührt sich dabei nicht von der Stelle, aber sie bewegt ihre Arme und ihre Beine, so als wollte sie nach vorne. Irgendwohin, aber *weitergehen.* Sie fühlt sich unbeobachtet. Sie tut das nur für sich alleine, und sie singt dabei. Der Text erzählt von ihren Gefühlen. Sie singt, was ihr gerade durch den Kopf geht.

Ein siebenjähriges Mädchen mit langen, dunklen Haaren und großen dunklen Augen. Sie schaut wie durch den Boden hindurch in eine Ferne, und sie bewegt sich wie in Trance. Sie singt zu sich, leise.

Ich muss
einen Weg finden
zum Glück
den ich nicht kenne.

Immer wieder. Immer wieder. Dann wechselt der Text.

Ich muss
einen Weg finden
zum Glück
den niemand kennt.
Niiiieeemand.

Sie sagt und sie singt es ganz lang gezogen. Sehr leise, beinahe ehrfürchtig.

Die kleine Maus! Mir bleibt die Luft weg, ich muss mich setzen.
Das Wasser schießt mir in die Augen, und als ich aufschaue, kommt sie zu mir gelaufen und setzt sich auf meinen Schoß.
Wir umarmen uns. Wortlos. Sehr lange.

Mir wird klar, wie sehr sie von mir abhängig ist. Und wie gut sie mich jetzt schon kennt und versteht. *Sie* muss den Weg finden, falls ich ihn nicht finde. Ich bin ihre Mutter, und sie ist meine Tochter.
Mein Kind hat schon mehrere Male versucht, mich zu trösten, so wie auch ich immer wieder versucht habe, meine eigene Mutter zu trösten.
Ich weiß aus eigener Erfahrung, dass Mutter-Trösten für ein Kind nicht die richtige Aufgabe ist. Trotz aller Anstrengungen und auch in dieser emotionalen Ausnahmesituation weiß ich überdies ganz genau: Mein kleines Mädchen ist das größte Wunder in meinem Leben.
Sie hat eine ganze Menge Stress mitbekommen in den letzten Wochen und Monaten. Von meiner Wut, von meinen Zusammenbrüchen, von meinem Ausgebranntsein.
Ich habe ihr in meiner Erschöpfung schon einige Male vorgeworfen, sie sei *undankbar,* und habe im selben Augenblick gewusst, dass die-

ser Vorwurf ungerecht war, und dass er wie ein kleiner Vernichtungsschlag gewesen sein muss.

Jedes Mal hatte ich danach ein sehr schlechtes Gewissen. Ich will damit aufhören. Ich muss eine andere, eine *neue* Stärke in mir finden.

Ich sehe mein Kind, sehe seine rudernden Bewegungen. *Meine Kleine, mein Kind!*

Sie hat einen Bann gebrochen: Es *muss* einen Weg geben. Einen anderen.

Auf dem man sich weniger aufreibt, auf dem man nicht innerlich mürbe und müde gemacht wird. Es muss einen Weg geben, der nicht in die Verbitterung führt.

Falls ich also wieder einmal zaudern sollte, will ich mich an Victorias Lied erinnern. An ihre eindringlich gesummten Worte: Ich muss einen Weg finden zum Glück, den ich nicht kenne.

Ente! Buuch!

Ein paar Wochen später.

Ich sitze in der U-Bahn, schräg vis-à-vis ein kleines Mädchen, ich schätze sie auf zwei bis zweieinhalb Jahre alt. Puppengesicht, dunkelblonde Locken, ein Stirnband hält ihre krausen Haare zurück. Augen, Nase und Mund, alles ganz eng beieinander. Ein bildhübsches Kind mit graublauen Augen, mit rundlichen Kleinkindwangen und hoher Stirn. Das personifizierte Kindchenschema, wie aus dem Bilderbuch. Es ist gegen sieben Uhr am Abend. Das Mädchen sitzt, behütet von ihrer Großmutter (oder zumindest glaube ich, dass es sich um ihre Großmutter handelt), am vorderen Rand der Bank gegen die Fahrtrichtung. Die U-Bahn schaukelt, das Kind ist warm eingepackt in eine ziegelrote Daunenjacke, und ihre kleinen Stiefelchen baumeln in der Luft. Sie schaut auf einen runden Knopf, an dem sonst die U-Bahn-Magazine baumeln; schaut hin, ganz irritiert, und sagt immer wieder: *Mein Buch! Mein Buuuch ...!*

Sie zeigt mit ihrem kurzen Kinderzeigefinger auf diesen leeren, runden Knopf, sie blickt ihre Omi an und dann wieder dorthin, wo heute eben gar nichts baumelt. *Mein Buch!* Sie schaut unendlich traurig drein. In diesem Moment ist die ganze Welt für sie eine einzige, große Enttäuschung.

Kein Buch.

Nichts ist da.

Ihre Omi nickt. „Ja", sagt sie, „da ist heute kein Buch, das wir anschauen können." Aber dann nimmt sie die Kleine auf ihren Schoß, und das Blickfeld, der Horizont des Mädchens, verändert sich dadurch. Sie entdeckt etwas Neues.

Ente sagt sie, und ihr Gesichtchen hellt sich auf. *Ente!!*

Das Kind streckt den rechten Arm im Daunenjackenärmel weit aus, zeigt diagonal durch den Waggon, mehrere Menschen drehen sich um, ... *Ente!* ... und die Oma sagt: „Ja, du hast recht! Wirklich! Da oben ist eine Ente."

Die Kleine genießt es offensichtlich, die Dinge beim Namen zu nennen. Alles, was sie erkennt und was sie selbst schon benennen kann, lässt sie sich auf der Zunge zergehen: *Buch! ... Ente!! ... Fenster?, ... Frau.* (eigentlich: *Fau.*)

Mütter, Väter, Onkel und Tanten, große Geschwister und eben auch Großeltern, alle diese Menschen wissen, mit welcher Begeisterung sich Kleinkinder in die Welt der Sprache hineintasten. Jedes Mal ein kleiner Triumph, wenn ein neuer Begriff artikuliert wird. Er wurde gerade noch geraten, dann ein oder zweimal mühevoll ausgesprochen, sozusagen ausgelotet mit dem Mund; wenn so ein Begriff dann endgültig aufgenommen worden ist in das kindliche Repertoire, dann ist das Kind in diesem Moment ein Stück weit über sich selbst hinausgewachsen.

Ente! – Volltreffer! Das Kind fühlt sich großartig, es fühlt sich souverän. *Ente!*

Wer keine Zeit hat, wer währenddessen im Büro war oder sonst irgendwo seinen oder ihren Job gemacht hat, war nachher: nicht dabei. Solche Glücksmomente lassen sich nicht verschieben und sie richten sich nicht nach dem Terminkalender. Sie treten ein, völlig unvorhersehbar.

Sie lassen sich nicht planen. Ein Wunder nach dem anderen geschieht. Greifen. Sitzen. Krabbeln. Stehen …
Wir können entweder dabei sein, oder eben nicht.

Die Frauen der Generation vor uns, Frauen also wie meine eigene Mutter, waren zuerst traurig und dann verbittert darüber, dass ihre Männer nie da waren, wenn so ein Wunder geschah.
Sie wollten so gerne *gemeinsam* staunen, und mit den Vätern ihrer Kinder glücklich sein. Wenn der kleine Sohn ein Schiffchen gebaut hatte, dass dann bei ihm in der Badewanne tatsächlich mindestens drei Minuten schwimmen konnte. Oder wenn die Tochter zum ersten Mal, noch dazu unaufgefordert, in einem unbeobachteten Moment ihre Schuhe zugebunden hatte. Und zwar mit einer echten Masche! Oder wenn die beiden Geschwister im Park zweieinhalb Stunden lang *friedlich* in der Sandkiste gespielt haben. Ja, ganz ohne Streiten! Sie haben Kuchen und Häuser und Burgen gebaut, und ihre Mutter war soo stolz. Im Stillen hat sie sich gedacht: „Die beiden werden bestimmt einmal Architekt und Architektin. In Mailand. In Barcelona. Wer weiß …"
Aber neben dieser Freude und neben diesem Stolz war die Einsamkeit. Unsere Mütter hätten all diese Momente sehr gerne mit ihren Männern geteilt und mit den Jahren wurde immer klarer: Im wirklichen Leben gibt's keine Wiederholungen.

Von einem traurigen Gefühl, etwas ganz Wichtiges versäumt zu haben, sprechen heute viele in die Jahre gekommene Väter. Ihre eigenen Kinder sind groß geworden, während sie sich in den sechziger, den siebziger Jahren überwiegend außer Haus darum gekümmert haben, das nötige Geld für die Familie zu verdienen. Heute lassen ältere Väter immer öfter ihre Trauer darüber anklingen, dass sie mit ihren eigenen Kindern nie wirklich in zärtlichem oder liebevoll fürsorglichem Kontakt gewesen sind.

In den zweitausender Jahren hat dieses Gefühl, für das Wesentliche oft keine Zeit zu haben, auch immer mehr Frauen eingeholt. Viele Mütter, die sich Tag für Tag ins Zeug legen, um alles unter einen Hut zu kriegen, erzählen ihren besten Freundinnen davon. Sie wollen Beruf und Familienarbeit kombinieren, wollen beides schaffen, und zwar möglichst bravourös.

Wer aber neben der Berufstätigkeit zu Hause immer noch hauptverantwortlich für den überwiegenden Teil der unbezahlten Familienarbeit bleibt, gerät dabei nach und nach in einen Teufelskreis. Letzten Endes leiden viele von uns unter dem Gefühl, ständig alles zu geben, und trotzdem nirgends ausreichend präsent zu sein. Aber wer oder was könnte an dieser verzwickten Situation etwas ändern?

Laufschritt. Bremsen. Rennen. Stop.

Der Laufschritt wird zur Normalität, das Grundgefühl heißt: *gehetzt*. Schon in den allerersten Monaten als Mutter habe ich in ein Notizbuch geschrieben:

„Das Umschalten zwischen den beiden Realitäten wird für mich mehr und mehr zur *Zerreißprobe*. Von der Ruhe und von größtmöglicher Achtsamkeit mit meinem Kind, muss ich blitzschnell einen inneren Schalter umlegen. Muss hinüberwechseln zu einem extrem schnellen Arbeitstempo im Beruf. (Weniger Arbeitszeit aber oft gleiches Arbeitspensum wie früher!) Mit heraushängender Zunge komme ich wieder zurück. Muss alles herunterfahren, muss ganz schnell wieder langsamer werden. Von superschnell auf ganz langsam. Bitte, wie soll das gehen?!"

Dass ich sehr oft nicht so arbeiten kann, wie ich will, das kann mich rasend machen. Dass ich mich beruflich schon zweimal neu erfunden habe, seit ich vor fast acht Jahren Mutter geworden bin, geschah wahrlich nicht nur wegen irgendeiner Lust auf Veränderung. Ich hatte keine andere Wahl.

Ich war, wie viele andere Mütter auch, immer wieder gezwungen, mich neu zu orientieren. Kein Job, der mich wirklich interessiert hätte, passte zu den zeitlichen Möglichkeiten einer alleinerziehenden

Mutter. Immer, wenn es für mich hätte spannend werden können, musste ich entweder gleich absagen, oder aber mühsam, mit drei oder fünf oder noch mehr Telefonaten einen Babysitter organisieren. Das macht mürbe, da gibt man bald auf.

Ich will arbeiten, ich will Geld verdienen. Ich will mich weiterhin auf möglichst spannende Weise beruflich verwirklichen.

Als ich aber an jenem Tag in der U-Bahn gesessen bin und dieses kleine Mädchen gesehen habe und seine Enttäuschung ... *mein Buuuch!!*, und gleich danach auch ihre kleinkindliche Freude, da rollte noch eine ganz andere Gefühlswelle durch mich hindurch.

In mir, ganz tief drinnen, wohnt eine nicht gepflegte Traurigkeit. Bis vor kurzem war sie mir gar nicht bekannt.

Acht Wochen nach der Geburt meiner Tochter, also gleich nach dem gesetzlichen Mutterschutz, habe ich schon wieder die ersten Radiosendungen produziert. Einerseits hätte ich mir mich damals ohne diese gewohnte Berufstätigkeit gar nicht vorstellen können, ich hätte mich anders wahrscheinlich selbst nicht wiedererkannt, und zweitens war ganz einfach niemand da, der für mich und für mein Baby gesorgt hätte. Niemand, der unsere Miete bezahlt hätte. Für eine alleinerziehende Mutter ist das Weiterarbeiten nicht nur eine Frage des Interesses oder des beruflichen Ehrgeizes. Es ist eine Frage des wirtschaftlichen Überlebens.

Manchmal denke ich, ich wäre dabei fast verrückt geworden.

Ich habe, wie ich es gewohnt war, die Zähne zusammengebissen und war *stark*.

Aber irgendetwas ist seit damals bei mir angeknackst. Und wenn ich heute, ganz vorsichtig, mit dieser Traurigkeit erste Bekanntschaft schließe, dann erzählt sie mir von den Erinnerungen an diese Zeit.

Die ständigen Tempowechsel haben mich damals beinahe zerrissen. Ein Säugling, mein ganz kleines Baby, zart, unbeschreiblich. Eine Atmosphäre, in der die Zeit still steht. Und eine Rolle, in die man erst ganz langsam hineinwächst.

Ich habe gelernt, für mein Kind *da zu sein*.

Ich tat, was alle Mütter machen: mein Baby halten und bewundern. Es ist ja schließlich das schönste Kind, das je das Licht der Welt erblickt hat! Mein Kindlein tragen, und falls es weint, alles mir Mögliche erfinden, um es zu erfreuen. Viele Male am Tag stillen (und das dauert jedes Mal ziemlich lange!) und danach hochheben, das Erbrochene wegwischen oder sehr stolz sein über das Bäuerchen, *guuuuut gemacht! Seeehr gut!*

Niemals hätte ich mir vorstellen können, dass man so dermaßen stolz sein kann über einen geglückten, gut hörbaren Rülpser. Und all dies geschieht mit dem Gefühl, dass das Wichtigste hier in dieser Wohnung stattfindet. Nirgendwo sonst.

Ich schwebte also auf einer rosaroten Wolke der Zeitlosigkeit, die nach Babywindeln roch, und auch das fand ich mitunter regelrecht wundervoll.

Natürlich war das Schaukeln und Summseln und Stillen und Halten und Drehen und Wenden, das Wickeln und Wabern und Wucki-Wucki machen superanstrengend.

Aber wen stört das?

In diesen Momenten habe ich alle meine Kräfte gebündelt, und in das Zentrum des Universums investiert.

Immer, wenn ich zum Radiomachen, also zum Geldverdienen, in das Wiener Funkhaus rasen wollte, musste ich vorher mein Baby noch möglichst ausreichend stillen. Und zwar so lange und langsam und ruhig und gelassen wie möglich. Mein Kind sollte keinen Hunger haben, während ich weg bin. Auf gar keinen Fall!

Sobald die Babysitterin da war, legte ich einen inneren Schalter um: zack! Jetzt bitte ganz anders funktionieren. Raus aus der einen Identität, rein in die andere.

Schnell umziehen (weil der Geruch von Babykotze auf dem Pullover nur die Babymütter nicht stört. – Und auch das stimmt nicht immer, wir wissen nur: Da führt kein Weg daran vorbei). Dann ganz schnell die Stiegen hinunter, im Laufschritt zur U-Bahn, je schneller ich wieder zurück bin, desto besser.

Ich bezahle schließlich seit ihrer Ankunft die Arbeitszeit der Babysitterin, ich muss also ab diesem Zeitpunkt in der kürzesten Zeit ein Maximum rausholen: Ich erledige das doppelte Arbeitspensum in der Hälfte der dafür normalerweise vorgesehenen Zeit, bin extrem konzentriert. Ich bin selbst ganz erstaunt, was alles möglich ist.

Ungefähr dreieinhalb Stunden später kommt die Babysitterin mit meinem Kind ins Café neben dem Funkhaus, ich werde hinunterrennen und mich dort hinsetzen, ich werde mein Baby zur Brust nehmen und es so lange trinken lassen, wie es sein muss. *Hoffentlich dauert es nicht zu lange…!* Nach einer halben Stunde werde ich langsam nervös (was mir zu Hause beim Stillen eigentlich nie passiert), und umso heftiger saugt jetzt meine Kleine. Die Babysitterin, eine sehr liebevolle Frau und selbst Mutter von zwei schon erwachsenen Töchtern, hilft mir sehr: Sie strahlt eine wohltuende Ruhe aus und deeskaliert fast jede Situation.

Es ist auch heute geglückt, meine Brust ist wieder im Kleid eingepackt, und Baby und Sitter haben sich wieder auf den Weg gemacht.

Ich muss noch gute zwei Stunden weiterarbeiten. Ich schalte ein zweites Mal um auf Vollgas: hinauf ins Büro, Musiklisten schreiben, telefonieren, die Sendung noch einmal durchhören (und zwar im Schnelldurchlauf, was ziemlich anstrengend ist, mir aber ein paar Minuten Zeit spart), dabei die letzten Versprecher rausschneiden, … fertig! Das Sendungsband zurückspulen (das waren 1999 nämlich wirklich noch Tonbänder), währenddessen all den Papierkram in den Müll und mit der anderen Hand schon den Mantel vom Haken reißen, anziehen. Das Band in die Schachtel, die Schachtel beschriften, den Strom runterfahren, raus und Tschüss, weiter zur Sendeleitung, „die Sendung ist da!" rufen („Danke" ruft da irgendjemand zurück, aber wir sehen einander nicht, weil ich schon wieder weg bin). Das Band deponieren im dafür vorgesehenen Regal, und im Laufschritt über die Gänge und durch das Treppenhaus, keuchend, *ich schaff das schon.*

Renne zur U-Bahn, und sobald ich eingestiegen bin, versuche ich, mich wieder zu entschleunigen.

Aber das Runterkommen braucht länger als das Umschalten auf Vollgas. Ich habe jedes Mal damit zu kämpfen. Atmung verlangsamen, der Puls rast dahin …, ausatmen, möglichst langsam, und vielleicht kurz die Augen schließen. Die U-Bahn fährt weiter. Mein Herzschlag rauscht in meinen Ohren. Noch einmal, ausatmen.

Irgendwann bin ich dann wieder zu Hause, und die Babysitterin erzählt mir wie immer von den eigentlichen Wundern des heutigen Tages. Dass sie mit dem Kinderwagen fast drei Stunden lang in Schönbrunn spazieren war. Dass dort jetzt gerade die buntesten Blätter, die man sich vorstellen kann, zum Spielen einladen. Dass unser Baby staunend die leuchtenden, gelben Blätter erforscht hat. Sie erzählt mir, dass sie ganz viel Zeit nur mit diesen Blättern verbracht haben, weil sie sich so unglaublich schön bewegt haben im Wind.
Diese Kinderfrau ist liebevoll. Sie ist hellwach, sie wirkt auf mich aufmerksam und geduldig. Ihre Augen leuchten, und ich spüre einen ganz kleinen Stich im Herzen. Ich denke gleichzeitig, dass ich wirklich froh bin, diese Frau gefunden zu haben. Was würde ich ohne sie tun?

Kraa Kraaa

An einem der nächsten Tage wird sie mir erzählen, dass sie sich „fast ganz sicher" ist, dass Victoria an diesem Tag zum allerersten Mal beim Anblick der großen, schwarzen Krähen im Park so etwas wie *kraa kraaa* gesagt hat. Najaa, wohl nicht wirklich *gesagt,* aber eben *gekräht.* Es habe sich jedenfalls, sagt die Babysitterin mit einem Leuchten im Gesicht, es habe sich wirklich beinahe wie ein echtes Krähen angehört.
Ich erinnere mich noch gut an diesen Moment in jenem frühen Winter. Es war der erste Winter mit meiner Tochter Victoria. Die Babysitterin war ein echter Glücksfall, und als sie mir die Geschichte des Tages so freudestrahlend erzählt hat, da habe ich mich sehr darum bemüht, mich auch zu freuen. Aber schon damals konnte ich mich selbst nicht darüber hinwegtäuschen, dass ich mir das Krächzen gerne nicht nur *vorgestellt* hätte. Ich hätte es viel lieber selbst gehört.

Alle diese Bilder von damals hat das kleine Mädchen in der U-Bahn mit ihrem „Buuuch" und mit „Ente!" aus mir hervorgeholt.

Was ich damals nur als kleinen Stich wahrgenommen hab, das ist nun mit vielen Bildern und wie eine mächtige Welle durch mich hindurchgerollt. Einmal heiß, einmal kalt. Diese Welle rollte durch mich hindurch und hinauf, rollte hinauf bis in meine Augen. Welle wird Wasser wird Tränen.

Ich will mein Kind!

Ich will alle diese Wunder noch einmal erleben!

Aber ich will es ganz anders als beim ersten Mal. Mit viel mehr Ruhe.

Ich will mir aussuchen können, wie viel Zeit ich mit meinem Kind verbringe, und wann ich mich anderen Tätigkeiten widme. Ich will wenigstens in den ersten Jahren frei sein von diesem beinharten Erwerbsdruck.

Ich bin traurig über all die fast übermenschlichen Anstrengungen, über mein jahrelanges Hin-und-her-Rasen zwischen zwei Welten.

Die plötzlich so engen Zeitlimits für den Beruf und damit das jähe Ende meiner gerade begonnenen Karriere waren für mich in den ersten Jahren als Mutter extrem bitter.

Aber der Spieß hat sich umgedreht, und immer öfter trauere ich nun um jene Zeit, die ich nicht mit meinem Baby, nicht mit meinem Kleinkind verbringen konnte, und nicht mit meiner Tochter an so vielen Nachmittagen während ihrer Volksschulzeit.

Unbesiegbar

In dieser Zeit erlebe ich abwechselnd Trauer und maßlose Selbstüberschätzung.

Wenn ich gerade wieder einmal die ganze Welt retten will, dann sehe ich mich marschieren inmitten von hunderten und bald tausenden von Frauen, es herrscht Vor-Gewitter-Stimmung, und wir tragen ein riesiges Transparent. Darauf steht: *Gebt den Müttern ein Grundeinkommen!*
Wir marschieren und tragen es stolz vor uns her. Wir sind laut, wir sind selbstbewusst, und wir werden immer mehr.

Unter diesem ersten Satz steht auf unserem Transparent: *Und zwar eines, das diesen Namen auch wirklich verdient!*

Wir diskutieren laut und angeregt mit Passanten, die uns fragen, was wir denn genau damit meinen. Eine von uns erklärt: *Kinder kriegen und sie ins Leben begleiten muss auch ohne Burn-Out-Symptome möglich sein!*

Die Allgemeinheit stimmt uns zu, viele bekräftigen unser Anliegen.

„Ja, natürlich …"

„Ist ja ganz klar, das mit der rückläufigen Geburtenstatistik!"

„Kinderkriegen muss leistbar sein."

„Und positiv besetzt! Jawohl!"

Viele nicken zustimmend, und immer mehr Menschen kommen neugierig auf uns zu.

In diesen Momenten bin ich unbesiegbar. Wenn ich gerade wieder einmal einen dieser Monologe in mir ablaufen lasse, in denen ich mich für eine gerechtere Welt einsetze, dann bin ich grandios.

Dann bin ich unbezwingbar!

Dann habe ich keine Angst und nichts kann mich bremsen.

Aber außer mir …

hört mich leider niemand.

Pippi, Bibi, W.I.T.C.H

Wir brauchen starke Vorbilder.

Ein Satz, wie ich ihn oft gehört und gelesen habe. Und wirklich, er klingt so ermutigend.

Starke weibliche Vorbilder, die wollte ich auch meiner eigenen Tochter so oft wie möglich bieten, quasi als geistige Nahrung, möglichst von Anfang an.

Wenn meine kleine Maus mit drei oder vier Jahren so etwas wie: „Darf ich ein Video anschauen?", gepiepst hat, dann habe ich ihr die wunderbare Pippi Langstrumpf in den Rekorder geschoben. „Pippi in Taka-Tuka-Land" oder „Pippi geht von Bord".

Victoria hat sogar einmal eine Weihnachtskarte von der aufmüpfigen Göre geschickt bekommen, direkt aus Schweden! Sie lag unterm Weihnachtsbaum, eine Fotografie in schwarz-weiß: Pippi *selbst* hatte Victoria dieses Foto von sich geschickt, auf dem sie gerade Spaghetti in sich hinein schlürft, Spaghetti mit ganz viel roter Sauce. Hinten hatte Pippi draufgeschrieben, dass sie von der umwerfend mutigen kleinen Victoria gehört hätte, und dass sie sich freue, eine so tolle Verehrerin zu haben ... Dass sie ihr raten möchte, immer nur das zu machen, was sie *wirklich will,* und dass sie sich nie, nie, nie von irgendjemanden einschüchtern lassen soll. Und all so ein Zeug.

Pippi war also eine ganze Weile unsere wirklich gute Freundin. Und danach zog Bibi Blocksberg zu uns.
Bibi ist eine kleine Hexe mit einem ausgeprägten Gerechtigkeitssinn, die virtuos auf ihrem Hexenbesen durch die Lüfte jagt. Wir haben während dieser Zeit Victorias hölzernes Steckenpferd gegen einen Glitzerbesen ausgetauscht, und bei fast allen Gelegenheiten haben wir Zaubersprüche gereimt. Victoria liebte diese magischen Momente, und ich habe damals gedacht, dass ich meiner Tochter etwas Gutes tue, wenn ich sie lehre, an ihre eigenen magischen Fähigkeiten zu glauben.

Es kam die nächste Phase: W.I.T.C.H.
Kennen Sie nicht?
Naja, Sie haben nichts versäumt.
Ich musste nun immer öfter diese recht einfältig erzählten W.I.T.C.H.-Hefte vorlesen, Victoria hatte sie in der Trafik nebenan entdeckt, und seit meine Tochter auf die darin beschriebene fünfköpfige Girlie-Truppe im Manga-Stil abfuhr, versuchte ich so oft wie möglich, sie auf eine andere Fährte zu locken. Also: *Magst du nicht lieber etwas ... malen ...?* Oder so.
Derartige Versuche waren natürlich zwecklos; mein Kind war begeistert von den wild gestylten Comic-Heldinnen mit den magischen Kräften und den mächtigen Qualitäten der fünf Elemente: Sie sind mystisch, sie sind sexy, sie lieben die Gefahr. Sie halten zusammen, sie ergänzen einander perfekt. Und am Ende sind sie immer: Siegerinnen.

In diesen Comic-Heften wird ihr Strahlen, ihre Kraft, ihre Aura von Energie und Unverwundbarkeit in hellbunten Farben gezeichnet.

Da sieht man, wie die Superheldinnen ihre Hände ausstrecken, um einen Gegner zurückzuweisen, und wie plötzlich ein Lichtstrahl und ein grellhelles Schutzschild entstehen. Die Energie ist so stark, dass der Gegner gleich fünf bis neun bis siebzehn Meter zurückgepresst wird, … und er fliegt durch die Luft und landet verwundert (nein, nicht *verwundet,* das ist eben der Unterschied zu Comics für die Zielgruppe Buben) – also: Er landet *verwundert* wieder auf dem Boden. Kratzt sich am Kopf, die Augen weit offen. Er weiß jetzt: *Mit der* leg ich mich besser nicht an. *Das* könnte ungemütlich werden.

Ohne eigentlichen Kampf, ohne dass nennenswerte Mengen von Blut geflossen wären, ohne Gewalt oder bösartige Tricks gibt der Gegner freiwillig auf. Alles Fairplay, ein Lichtblitz genügt, und die männliche Nebenrolle kapituliert vor der Kraft und der Eleganz und der Schönheit seines übermächtigen, weiblichen Gegenübers.

Während ich aus Sprechblasen Minitexte vorlese, frage ich mich: Was lernt mein Kind hier gerade?

Allmachtsfantasien

Ich weiß eigentlich nicht, wie und wann sich diese Vorstellungen von Allmacht und Unbesiegbarkeit in *mein* Gehirn eingeschlichen haben. Comics habe ich jedenfalls nie mit besonderer Hingabe gelesen, auch nicht als Kind.

Wahrscheinlich haben sich diese Bilder auf subtilere Weise bei mir eingenistet.

Wer oder was hat *mir* eingeredet, dass ich stets alles ganz alleine schaffen muss und auch kann?

Wer auf ein Burn-Out-Syndrom hinarbeiten will, kann Folgendes probieren: Fünf Minuten Fernsehwerbung am Tag, und zwar kontinuierlich. Das sollte genügen. Durch diese Werbefilme erfahren wir, dass die richtig schicken Mamis auch bei der Hausarbeit die neuesten Designer-Klamotten tragen, und dass diese Mütter dabei richtig fröhlich sind. Werbespot-Mamis schaffen alles!

Mit einem verführerischen Augenzwinkern versorgen sie ihre Kinder über siebenfach gesundheitsfördernde Schokoriegel mit den allerwichtigsten Vitaminen; diese Mütter sind selbst topfit und super-schlank und dazu lässig-elegant gekleidet. Und man sieht es in all diesen Spots: Es *geht* ja! Wenn man es *wirklich* will.

Natürlich halten das alle für Blödsinn.

Natürlich haben wir mehrmals ironisch gelacht und gewitzelt, wenn Derartiges gerade wieder einmal in unser Wohnzimmer geschwappt ist.

Aber die Bilder haben sich längst verankert, irgendwo im Hinterkopf. Diese Bilder steuern viel öfter unsere Handlungen, als uns bewusst ist. In meiner *erfolgreichsten* Zeit war ich demnach selbst wohl auch ziemlich ferngesteuert.

Aber der schöne Schein verblasst gerade. Die Superheldin kann nicht mehr.

Lass mich klein sein

Hat irgendwer mit einer Nadel hineingepikst in diesen Allmacht-Riesenluftballon?

Er schrumpft mit beachtlicher Geschwindigkeit, *ich* schrumpfe und ich regrediere.

Ich will jetzt ganz klein sein.

Oder zumindest manchmal auch klein sein *dürfen* und schwach.

Ich möchte mich hie und da auch *wie ein Kind* fühlen dürfen und wissen, dass irgendwer für *mich* sorgt, wenn's *mir* schlecht geht.

Ich bin also klein, ab jetzt und ab sofort.

Ich bekomme Angst, denn klein sein ist neu.

Ich mache die Augen zu und bleibe: klein. Und verletzlich. Ich will endlich kennenlernen und ausprobieren, wie sich das anfühlt. Ich will mich (obwohl die Versuchung sehr groß wäre) diesmal nicht wieder gewohnheitsmäßig in angebliche Stärke und in kämpferische Posen zurückflüchten.

Mit geschlossenen Augen und ganz in mich selbst versunken beginne ich zu träumen.

Wenn ich träume, dann sehe ich mitunter sehr klar.

Mit geschlossenen Augen bewege ich sanft meinen Kopf hin und her. Ich atme etwas tiefer als sonst.

Warum, frage ich mich immer wieder, *lassen sich das immer mehr Erwachsene gefallen?* Weshalb sind immer mehr Männer und Frauen dazu bereit, ihre Kinder oft schon als Einjährige am Morgen in einer Krippe abzugeben? Warum sind sie widerspruchslos dazu bereit, ihre Kinder den ganzen Tag über dort betreuen zu lassen und sie erst am Abend wieder abzuholen?

Wofür lohnt es sich, die eigenen Gefühle und unsere persönlichen Freiheiten so weit zurückzudrängen? Unsere Beziehungen, und dann eben auch unsere Kinder, all das wird oft bis an die Grenzen der Unsichtbarkeit zurückgedrängt. Wer oder was hat uns glauben lassen, dass unsere Kinder in erster Linie erzogen, gebildet, bewertet und verwaltet gehören?

Ich überlasse mich ganz meinen Gefühlen, und es sticht in meiner Nase. Ich wundere mich.

Dann übernimmt wieder mein Kopf, er sagt deutlich: Wir müssen dieses Wirtschaftssystem verändern.

Ich bin mir sicher: Wir brauchen deutlich verkürzte Arbeitszeiten, und zwar für alle Männer und Frauen, nicht nur für Eltern. Eltern sein darf nicht ein *Störfaktor* in einer darauf nicht eingestellten Wirtschaftswelt sein. Im Gegenteil, es müsste ein gut zu bewältigender *Normalfall* sein.

Wenn wir alle (und daher auch die von uns gewählten Politiker) Elternschaft nicht als *Zusatzbelastung* ansehen würden, sondern als Basis einer florierenden Gesellschaft, dann sähe unser Wirtschaftssystem längst vollkommen anders aus.

Wir hätten eine Dreißig-Stunden-Woche oder ein wirklich angemessenes Mindesteinkommen für alle. Es gäbe Vermögenssteuern. Dann wären wir auf dem besten Weg in eine humanere, gerechtere Epoche.

Vor ein paar Jahren habe ich irgendwo diesen Satz aufgelesen: *Eine Gesellschaft, die ihre Kinder nicht liebt, wird barbarisch.*
Dieser Satz macht mir Angst, er hat mich vom ersten Moment an elektrisiert, und er bereitet mir Unbehagen.

Entspannen. Loslassen. Festhalten.

Ein gutes Jahr später.

Mich körperlich möglichst gut zu entspannen, und mich gleichzeitig beinahe meditativ zu versenken, das gelingt mir am besten im allerkleinsten Raum meiner Wohnung. Ein paar schöne Sätze kleben bei mir an dessen Türe auf der Innenseite. Ich lese sie häufig, während ich hier sitze und mitunter recht meditativ geradeaus schaue. Entspannung und Weltverbesserung an einem sehr stillen Ort.

Der beste Zeitpunkt, um seine Träume wahr zu machen, ist nach dem Aufwachen.

Als ich gerade meine Hilflosigkeit kennengelernt hatte, waren solche Sätze wie Balsam. Sie waren wie für mich gedacht und geschrieben.

Voriges Jahr, als ich für einige Wochen das Gefühl hatte, ins Bodenlose zu fallen, hatte ich mit der Unterstützung, die von solchen Weisheiten ausgeht, stets an eine heile Landung geglaubt. Ich weiß nicht, wo ich damals meinen Optimismus hernahm, aber ich habe meine Krise stets auch als eine Art Weckruf erlebt.

Träume wahr machen! Nach diesem Aufwachen ...

Ich habe nun also wieder einigermaßen sicheren Boden unter meinen Füßen. Etwas langsamer als früher bin ich wieder unterwegs, noch etwas wackelig. Ich weiß nicht genau, *wie* es für mich weitergehen soll. Oder *wohin.* Auf jeden Fall wird es *anders.*

Ich bin verletzbar geworden, dünnhäutig.

Ich möchte mich selbst besser kennenlernen. Das Wundern, das Staunen ist in mein Leben gekommen. Als würde ich mich an einem teilweise vertrauten und teilweise unbekannten Ort umsehen. Ich weiß, dass ich mir dafür viel Zeit nehmen möchte. Ich will mich umschauen und nachspüren. Welche Träume habe ich überhaupt?

Das Problem ist ja nicht, dass es nicht möglich wäre, die eigenen Träume zu leben. Das Schwierige ist, sich an die eigenen Träume zu erinnern! Was wollte also *von mir,* irgendwann nach dem Aufwachen, geträumt, gelebt und wahr gemacht werden?

Einen anderen Satz für meine Meditationen auf dem Klosett habe ich aus dem Radio: *Wir müssen mit allem rechnen. Auch mit dem Schönsten.*

Eines Morgens hat ihn eine Moderatorin mit ihrer tiefen, warmen Stimme zelebriert und plötzlich stand er hier in meiner Küche, der Satz war hell und er war freundlich.

Auch dieser Satz hat auf mich gewirkt wie ein Lichtblick.

Eine Zeit lang konnte ich mich gut daran festhalten.

Teil II: PAARBEZIEHUNG

Liebe und Streit.
Aber worum geht es hier eigentlich?

Alles Gute im Neuen!

Die letzten Dezembertage, schon wieder ist ein Jahr vergangen, und der soeben neu gekaufte Kalender verspricht, dass nun bald etwas Neues beginnt.

„Das wird bestimmt ein gutes Jahr!"
„Sicher, ja. Es geht aufwärts!" Solche Gesprächsfetzen kann man dieser Tage in den Wiener U-Bahn-Waggons hören, in den Supermärkten oder in den langen Gängen des Wiener Funkhauses. Dazu noch „Alles Gute!", „Grüße an deine Lieben!" und „Einen guten Rutsch für euch alle!"
Die Gesprächspartner sind schon wieder weitergehuscht, sie streben vorwärts in unterschiedliche Richtungen, das Viertelgespräch ist schon wieder vorbei.
Ich sitze im Kaffeehaus und blättere durch die Tages- und Wochenzeitungen. Überall finden sich Artikel zum Thema *Gewalt in der Familie*, es ist das jährlich wiederkehrende Weihnachts-Echo in allen Zeitungen. Um diese Zeit spüren viele Menschen besonders deutlich, wie erschöpft sie sind, und wie gehetzt sie die meiste Zeit über leben. Mit den Feiertagen drängen sich ihre ungelebten Wünsche ins Bewusstsein, Familienkrisen sind an der Tagesordnung. Auch bei uns zu Hause hat sich Unfriede eingeschlichen, über mehrere Tage schon hat er sich breit gemacht.
Es hat sich viel verändert in diesem vergangenen Jahr. Mittlerweile leben wir nämlich zu dritt. Seit einem knappen Jahr gibt es einen Mann an meiner Seite.
Dass ich ihn ganz und gar wunderbar finde, will ich sehr gerne zugeben. Gerne erzähle ich später unsere romantische Liebesgeschichte und wie wir einander kennengelernt haben, – aber jetzt gerade hängt bei uns der Haussegen schief. Ich knirsche mit den Zähnen.

Wir hatten Streit, und so etwas zieht sich bei uns oft über zwei oder drei Tage, an denen sich alles dreht in meinem Kopf. Wir haben einander viel Böses an den Kopf geworfen, und danach war mir tagelang übel.

Seit fast einem Jahr lebe ich mit Gregor zusammen.

Weil ich aber seit bald neun Jahren Mutter bin, lässt sich wahrscheinlich erahnen, dass wir nicht immer nur nächtelang durchfeiern können wie ein junges Liebespaar. Und weil ich schon über viele Jahre Alleinerzieherin war und von den Anstrengungen sicher geprägt bin, kann man sich vorstellen, dass sich in unserem Haus nicht ausschließlich Honeymoon-Szenen aneinanderreihen.

Wir hatten also Streit, und in diesem Streit ist ein Satz gefallen, den ich für fies halte, für wirklich *gemein*.

Dieser Satz hat mich für ein paar Tage lahmgelegt.

Und wenn ich schön langsam wieder zum Denken, zum Schreiben komme, dann sage ich mir, dass es hier in meinem Buch eigentlich um genau diesen einen Satz geht.

Dieser Satz raubt mir meine Kraft. Er degradiert mich und er vernichtet meine Bemühungen.

Ich stecke fest

Ich fühle mich ohnmächtig.

Ich habe Migräne, ich zittere.

Zwischendurch kämpfe ich ohne erkennbaren Anlass mit den Tränen.

Etwas Mächtiges, Großes und Schweres lastet auf mir. Es lässt mich kaum frei atmen.

Bin vor Traurigkeit manchmal wie gelähmt, und dann, zwischendurch, befällt mich eine unkontrollierbare Wut.

Dann bricht etwas aus mir heraus, es muss sich über lange Zeit angestaut haben, und eine vernichtende Stimme wird wie durch fremde Kraft aus mir herausgeschleudert. Einmal begonnen, lässt sich diese Wortschleuder, Wutschleuder, kaum wieder stoppen. Und jegliche Diplomatie ist dieser Stimme fremd.

Vor knapp zwei Wochen ist Folgendes passiert: Gregor und ich mitten im Thema (es geht zum Beispiel um die Organisation und Aufteilung der Familienarbeit) und ich versuche, mich wortreich zu erklären.

Dass ich mich *eingesperrt* fühle; dass ich nach achteinhalb Jahren Mutterschaft ganz oft das Gefühl habe, meine Talente würden vollkommen brach liegen. Dass ich mich *erschöpft* fühle und ausgelaugt. Und dass ich es gleichzeitig kaum aushalten kann, immer wieder die tollsten Jobangebote dankend ablehnen zu müssen, weil die dafür notwendige Arbeitszeit sich nicht mit den Öffnungszeiten von Kinderbetreuungseinrichtungen verträgt. Also wieder nur ein: „Danke, leider keine Zeit, vielleicht wieder in ein paar Jahren."

Gregor ist Musiker, für ihn ist es also selbstverständlich, auch an Abenden und an Wochenenden zu arbeiten, denn Konzerte finden nur selten zwischen 09:00 und 17:00 Uhr statt. Ich bin mit meiner eigenen Situation schmerzlich unzufrieden, und nun bin ich auch auf ihn schrecklich wütend. Denn er hat, was für mich nicht mehr vorgesehen zu sein scheint: zeitliche Autonomie.

Ich sage ihm, dass ich mich als Mutter, und besonders als alleinerziehende Mutter, wie ich sie die längste Zeit über war, von der Gesellschaft *total im Stich gelassen* gefühlt habe. Ich weiß natürlich, dass Gregor nichts dafür kann, aber meine Wut muss endlich raus. Und Gregor ist gerade da.

Also geht es weiter.

Nun komme ich so richtig in Fahrt. Alle Ungerechtigkeit der Welt wird nun inbrünstig beklagt, denn sie belastet mich schon viel zu lange.

Dass ich es insgesamt ganz oft nicht fassen kann, wie *ignorant* wir uns den Müttern gegenüber verhalten! Mütter zu übergehen und ihre Probleme zu belächeln, das scheint bei uns ganz normal zu sein. Wir haben uns so sehr daran gewöhnt ... und waren nicht schon unsere eigenen Mütter fast alle irgendwie nervig oder sogar depressiv? Sind nicht auch deshalb die allermeisten Ehen in der Generation unserer Eltern irgendwann zerbrochen?

Meine Gedanken drehen sich weiter und weiter, sie werden zu einer Art Endlosschleife. Aber das Problem dabei ist: Meine gekränkten Gefühle in diesem Moment sind *echt,* sie sind voller Zorn, und sie sind heftig.

Ich komme vom Hundertsten ins Tausendste. Irgendwann, wenn meine Worte den gemeinsamen Raum unserer Beziehung überflutet haben, wird das Stimmgewitter wieder schwächer. Wir sind dann beide um nichts klüger, aber wir sind müde und erschöpft.

Warum diese Rundumschläge?

Ich frage mich selbst, was mich antreibt.

Alles, was mir im Moment einfällt, ist sehr allgemein. Meine Gedanken beziehen sich auf den gesellschaftlichen Umgang mit Müttern, aber dieses Nachdenken ist deprimierend, denn es zeigt mir keine neuen Perspektiven auf. Es bietet mir keinerlei zusätzlichen Handlungsspielraum.

Mütter kommen in den meisten Gesprächen Erwachsener tatsächlich nicht sehr gut weg. Über typische Verhaltensweisen der eigenen Mütter zu klagen, das kommt fast immer gut an. Jeder zeigt da Verständnis. „Ja, ich hab's auch schwer mit meiner." Oder die nettere Variante: „Naja, schön langsam … können wir *halbwegs* miteinander reden."

Kopfnicken. Aussagen über das komplizierte Verhältnis von irgendwem zu dessen angeblich nervös agierender Mutter erwecken spontane Solidarität.

Mir bereitet das Unbehagen. Ich bin ja *selbst* eine Mama! Ich will nicht, dass meine Tochter später auch so über mich redet.

Ich werde also selbst mit besserem Beispiel vorangehen müssen.

Ich will versuchen, die Beziehung zu meiner eigenen Mutter neu zu bewerten. Ich würde sie gerne neu und anders als bisher erleben.

Als Mann gesprochen

Ich muss jetzt noch einmal zurück zu unserem Streit.

Ich möchte den Haussegen gerne wieder gerade rücken, damit ich gemeinsam mit Gregor wieder konstruktiv nachdenken kann. Über uns als Familie. Und darüber, wie wir mit den Herausforderungen besser umgehen können.

Zugegeben, bei unserem Streit war ich nicht gerade zimperlich.

Der Anlass war, wie fast bei jeder unserer Auseinandersetzungen, eine Debatte darüber, dass Gregor oft sehr spät nach Hause kommt. Gregors Proben und vor allem seine Konzerte dauern häufig bis spät in die Nacht.

Für mich bedeutet das, dass ich mich ständig mit genau dem konfrontieren muss, was mir seit der Geburt meiner Tochter verloren gegangen ist: freie, beliebige Zeiteinteilung. *Sich selbst entfalten,* so wie es gerade angenehm wäre, und wie es für die eigenen Vorhaben gut passen würde.

Auf nicht gerade diplomatische Weise wollte ich meinem Liebsten eigentlich sagen, dass ich mir von ihm, von dem Mann an meiner Seite, den ich liebe, und mit dem ich Tisch und Bett teile, wünsche, dass er mich und mein Zähneknirschen und die Symptome meines Ausgebranntseins besser *versteht.*

Das, was ich immer wieder zu artikulieren versuche, heißt Invisibility-Blues. Zu oft muss ich mich einschränken, viel zu oft bin ich zu Hause, und damit im unsichtbaren Bereich. Gleichzeitig zieht es mich hinaus, um zu arbeiten, um unter Menschen zu sein, um etwas zu bewegen. Etwas in Gang zu bringen und sichtbar mitzugestalten. Ich hoffe, wenn er mich versteht, dann würde er nachvollziehen können: Ich bräuchte und ich wünsche mir viel mehr *echte Unterstützung.*

Und Gregor beteuert, dass er mir wirklich gerne viel, viel, viel mehr helfen *würde, wenn* er mehr *Zeit* dafür hätte. Aber es wäre nun einmal so: Sein Beruf fordert eben größtmögliche Flexibilität, und wenn ich das nicht aushalten könne, dann wäre er eben der Falsche für mich. Punkt.

Und dann noch:

Und dieses *ewige Gezanke,* das hänge ihm schön langsam wirklich beim Hals heraus. Und ob ich eigentlich wüsste, dass das nicht unbedingt sehr attraktiv wäre? Also, jetzt halt einmal ganz ehrlich ... als Mann gesprochen ...

Solche Sätze tun ihre Wirkung. Während ich derartige Untergriffe zu hören bekomme, wird mir ganz schwindlig und schwummrig, und dennoch weiß ich: Dieser Mann ist nicht mehr Macho als wir alle.

Wir sind geprägt von unserer Zeit und von deren Selbstverständlichkeiten. Gregor reagiert so, wie er es in diesem Leben gelernt hat, und er ist ehrlich.

In diesem Streit fällt dann noch dieser eine Satz, den ich zuvor schon erwähnt habe. Dieser Satz, in dem sich alles irgendwie bündelt. Er trifft mich wie ein großer, schwerer Hammer.
Gregor wirft ihn mir entgegen.
Er schleudert ihn im Streit in meine Richtung ...
„Dann hättest halt kein Kind gekriegt!"
Trifft mich mitten ins Herz.
Pause. Endstation.
Ich kann erst einmal gar nichts sagen.

Hättest halt kein Kind gekriegt!

Was macht diesen Ausspruch so machtvoll?
Dieser Sager ging mir jedenfalls durch Mark und Bein.
Ich bin für ein paar Tage regelrecht außer Gefecht gesetzt.
Wie gelähmt, wie im Schock.
Ich bin sprachlos.

Meine Gedanken kreisen immer wieder um diesen Moment. Ich kenne mich nicht aus. Um was geht es hier eigentlich? Was vermittelt mir dieser Satz, und woher nimmt er seine Wucht, seine Kraft.

Hör auf dich zu beklagen! Ist es das?
Einmal Mutter, immer Mutter! Aber was soll das heißen?
Das hättest du doch wissen müssen!
Also ...
Hättest halt kein Kind gekriegt!

Emanziwas?

Ich frage mich, wie konnte mir das passieren?

Dass dieser Satz nun mit mir in meinem eigenen Bett liegt?

Mir, die sich jahrelang virtuos alleine durchgeschlagen hat, und zwar sowohl als junge Frau, also vor Victorias Geburt, in unterschiedlichen, spannenden Berufen, als Sängerin, als Journalistin, als Reisende rund um den Globus, als auch *danach, im zweiten Berufslebensabschnitt,* eben als Mutter, aber immer noch ganz lange: unabhängig und selbstbestimmt.

Wie konnte *mir* das passieren, mir, der ihre Autonomie immer regelrecht heilig war? Wie konnte es passieren, dass ich mich plötzlich in einer so dermaßen klassischen Rollenverteilung wiederfinde? Und das im Jahr 2007!

Nur weil ich jetzt mit einem Mann zusammenlebe? Den ich übrigens von ganzem Herzen liebe, habe ich das schon gesagt?

Immer noch frage ich mich: Worum geht es hier ...?

Als ich nach Tagen des Stillstands, nach meinem Erschrecken über Gregors Ausspruch, langsam wieder zu mir komme, da ist mir als hätte ich genau diesen Satz schon viel früher bereits tausende Male gehört.

Tausende Male. Nicht wörtlich, aber doch sinngemäß. Und zwar lange bevor er in unserem Streit aufgetaucht ist. *Hättst hoit ka Kind kriagt.*

Als dieser Satz nun bei uns zu Hause aufgetaucht ist, war er mir sinngemäß leider bereits allzu bekannt. Ich muss mich genau damit auseinandersetzen. Mit dieser Grundhaltung. Weil sie meiner Erfahrung nach in unserer Gesellschaft weit verbreitet ist.

Ich will nicht in die Falle gehen, in der schon so viele Mütter gelandet sind. Denn das ist genau die Falle, um die ich immer einen großen Bogen machen wollte. Diese Falle heißt *Verbitterung.*

Ich fange gerade an zu erkennen, dass in mir bereits eine ganze Menge Bitterkeit aufgestaut ist. Bitterkeit, als Ergebnis immenser Anstrengungen und momentaner Aussichtslosigkeit.

Was für eine Frau bin ich eigentlich? Wer bin ich? Ich weiß gar nichts mehr.

Ich versuche, mich in meinem eigenen Leben neu zu orientieren. Ich blicke zurück und bemerke, dass es nur mehr wenige Verbindungen zu Menschen und Inhalten gibt, die für mich wichtig waren, bevor ich ein Kind bekommen habe.

Ich war vor allem eine Reisende. Die Freiheit während meiner ausgedehnten Reisen in ferne Länder und Kulturen war damals mein allerliebstes Lebensgefühl. Polynesien, Lateinamerika, Südostasien. Mein bevorzugter Aufenthaltsort war der tropische Regenwald. Oder Berglandschaften. Hochplateaus! Etwa in Nicaragua auf einer Kaffeeplantage mit ihrer duftenden, üppigen Vegetation. In der Früh war es kalt, und alles war verborgen unter dichtem, weißen Nebel. Am Nachmittag aber, in gleißendem Sonnenlicht, war alles grellbunt und heiß. Wenn ich in so eine Landschaft gekommen bin, und sie mit ihren Geräuschen und mit ihren Gerüchen ganz langsam in mich aufgenommen habe, dann war mir, als ob ich verzaubert worden wäre. Nie sonst habe ich mich so frei und gleichzeitig ganz und gar mit der Welt verbunden gefühlt als in diesen kostbaren Momenten auf Reisen.

Ich habe viele Jahre lang verschiedene Radiosendungen moderiert und gestaltet, und habe viele Inhalte und Interviews, häufig auch die Musik und die Geräusche dafür von meinen Reisen mitgebracht.

Ich war immer in Bewegung.

Wenn ich zu Hause war, dann war da das Arbeiten an meiner Musik.

Ich habe Musik gehört, und ich habe Musik gemacht. Schon als Teenager habe ich getextet und meine eigenen Songs komponiert. Das, was bei mir gerade aktuell war, habe ich in kleine englische Reime verpackt, und sie dann mit Melodien kombiniert. Beim Texten, beim Summen und Singen war ich mir selbst immer ganz nah. Ich habe es geliebt, mich in Klängen auszudrücken und mich später darin wiederzufinden. Und manchmal damit auf der Bühne zu stehen.

Nun aber, da ich für alle diese Dinge, die mein Leben so reich gemacht haben, keine Zeit mehr finde, fühle ich mich wie ohne ein eigentliches Leben. Ich fühle mich entleert und ausgedörrt.

Marginalisiert.

Die vielen Beschäftigungen, denen ich so gerne nachgegangen bin und die ich dann irgendwie ja auch meistens zu meinem Beruf gemacht habe, haben mir während des Tuns sehr viel Freude bereitet. Und darüber hinaus haben sie mir fast immer auch noch ein zusätzliches Glücksgefühl beschert: das Gefühl des *Erfolges*.

Für meine musikalischen Projekte wie auch für meine Radioarbeit bekam ich oft ein für mich rätselhaft großes Maß an Anerkennung. Alles fühlte sich leicht an. Meine sogenannte Arbeit erledigte ich meistens mit Leichtigkeit, mit Leidenschaft, und solange ich alleine war, hatte ich nie finanzielle Probleme.

Aber wer bin ich jetzt?

Was ist mit mir passiert, seit ich Mutter bin? Warum bin ich so depressiv?

Wie kann ich mich selbst wiederfinden? Wie kann ich ganz und gar eine liebevolle Mama für meine allerliebste kleine Tochter Victoria sein *und* auch die engagierte und talentierte Frau, die ich bin?

Geht das, zusammen?

Leere und Schwere

Nach unserem letzten Streit saßen wir irgendwann gemeinsam auf dem Boden, Wintersonnenstrahlen im Gesicht. Gregor wärmte mir den Rücken, ich war eng an ihn gelehnt und saß zwischen seinen Beinen. Auf einem Balkon mit Blick auf den Semmering haben wir die kühle Bergluft geatmet und es war ziemlich kalt, aber in Gregors Armen war mir wohlig warm.

Wenn Gregor und ich nach so einer Auseinandersetzung langsam wieder zueinander finden, und wenn wir uns vom Schreck erholen und uns in Ruhe anschauen, was da so alles gesagt worden ist, dann finden wir manchmal heraus, was uns dazu gebracht hatte, so heftig zu reagieren. Ich erinnere mich, dass ich dort auf dem Balkon nach Worten gesucht habe, die beschreiben könnten, wie ich mich fühle. Und wie schwierig es war, die richtigen Worte zu finden. Denn was ich da zum Ausdruck bringen wollte, das war für mich noch sehr neu.

Ich war es gewohnt, mich souverän zu fühlen, ich habe über lange Zeit so viele Fäden gleichzeitig in der Hand gehalten, immer mehrere Projekte parallel entwickelt. Und ganz viel von dem, was ich wollte, habe ich dann meistens auch realisiert.

Ich war erfolgsverwöhnt und war mir selbst nur in den verschiedenen *starken* Rollen bekannt.

Aber jetzt?

Schwer, sich das einzugestehen.

Irgendwann,

nach einer langen Pause und einem tiefen Atemzug habe ich mich sagen hören:

„Ich fühle mich … vollkommen leer."

Und dann sind ein paar Tränen über meine Wangen gekollert.

Leer, das war das erste Mal in meinem Leben. Ich und diese Leere, wir waren wie Fremde.

Oder um genauer zu sein: Ich bin mir selbst fremd geworden, während sich diese Leere in mir breit gemacht hat.

Was ist von mir noch übrig geblieben?

Welche Ideale, welche Träume, welche Vorstellungen oder Ziele treiben mich voran? Wofür engagiere ich mich, und was hält mich auf Trab?

Und dann tröpfelt in mir diese Antwort, noch unsicher und nur leise: *Gar nichts.* Da ist nichts.

Es scheint, als wäre nichts übrig geblieben von der zielstrebigen, engagierten und abenteuerlustigen jungen Frau, die ich bis vor ein paar Jahren war.

Dass ich als Mutter bereits jede Menge Prüfungen und Abenteuer bestanden habe und immer wieder aufs Neue bestehe, und dass ich als Mutter so engagiert und kreativ und liebevoll arbeite wie wahrscheinlich niemals zuvor, das kann ich in diesem Moment auch aus meinem eigenen Blickwinkel noch gar nicht erkennen. Ich fühle mich so schmerzlich degradiert.

Gregor ist ganz desperat. Er weiß nicht, was er tun soll.
Wie kann er mir helfen? Gregor hat das Gefühl, dass er ohnehin schon so viel tut.

Was ist also von mir und von meinen Idealen übrig geblieben?
Ich bin noch immer ganz durcheinander.
Ich weiß nur, ich will …
Ich will ein gleichberechtigtes Leben führen.
Gleiche Chancen. Gleiche Möglichkeiten.
Auch jetzt als Mutter, auch innerhalb der Familie.
Auch jetzt, wo sich Gregor und ich die Elternpflichten langsam immer mehr aufteilen. Mein Ziel: *gleiche Möglichkeiten für uns beide.*
Der Weg dorthin ist steinig. Wir führen ermüdende Diskussionen.
Wir streiten sehr oft.
Warum ist das, was ich mir wünsche, für meinen Liebsten so schwer zu begreifen?

Pattstellung

Gregor kann es nicht mehr hören. Wir reden aneinander vorbei, sobald wir unser Thema streifen. Jeder hat Angst, noch mehr an Bewegungsfreiheit zu verlieren. Immer wieder beklage ich lautstark das Fehlen zeitlicher Autonomie: „So *kann* man sich beruflich nicht entwickeln!" und: „*Du* planst deine Proben und Konzerte ganz wie *du* willst, während ich mich immer erst einmal nach *dir* richten muss …!"
Darauf sagt er: „Natürlich! Wie denn sonst?!" Und Gregor verteidigt sich: „Dafür geh' ich *nie* mit meinen Kollegen ins Wirtshaus, immer

renn ich gleich nach Hause. Und weißt du was? Sie halten mich deswegen für vollkommen meschugge!"

Gregor wird von vielen seiner Musikerkollegen tatsächlich schon jetzt als zumindest mäßig verrückt eingestuft, denn wieso sonst rennt einer, der es bei Zigarettenrauch und anzüglichen Witzen im Wirtshaus nach einer Probe so richtig fein haben könnte, kaum dass die Arbeit getan ist, immer gleich zur Frau nach Hause? Steht der Arme jetzt vollkommen unter ihrem Pantoffel?

Gregor versteht nicht, warum ich mich dennoch benachteiligt fühle. Wir reden und streiten aneinander vorbei.

In diesen Streitereien wird viel von unser beider Energie vernichtet, denn diese anstrengenden Auseinandersetzungen bringen uns kein bisschen weiter.

Uns fehlen die Vorbilder. Kraftvolle Vorbilder. Familienbilder, an denen wir uns *gerne* orientieren würden.

Ich weiß, dass Gregor genau der richtige Mann für mich ist.

Ich liebe ihn, und will *mit ihm weitergehen*.

Es ist so, wie es meine kleine Tochter schon sagte:

Ich muss
einen Weg finden zum Glück
den niemand kennt.

Weg gesucht, Rettungsanker gefunden

Unser gemeinsamer Weg zum Glück lag also ganz und gar nicht klar erkennbar vor uns. Er wollte gesucht werden.

Wie konnten wir miteinander als Paar, und darüber hinaus mit der Verantwortung für meine Tochter Victoria einen glück- und erfolgversprechenden Weg finden?

Es war wie bei einer Expedition in für uns unbekannte, und in überhaupt bisher unerforschte Kontinente. Gab es da Wege?

Wie sollten wir uns verhalten, und welche Qualitäten waren von mir, welche Qualitäten waren von Gregor gefragt?

Als einmal klar war, dass es so wie bisher für uns nicht weitergehen konnte, wollten wir beide zunächst einmal lernen, wie wir besser miteinander kommunizieren können. Wir haben uns erstmals entschlossen, dafür auch Unterstützung von außen zu holen.

Wie aber findet man als Paar Hilfe von außen?

Wenn es für so etwas Suchmaschinen gäbe …

Auf unserer Suche nach einem neuen Weg für die gemeinsame Kommunikation sind wir tatsächlich per Google fündig geworden. Eingabe: *Paartherapie,* gefunden: ein zweitägiges Seminar im Waldviertel, Zielgruppe Paare, Schwerpunkt Kommunikation.

Im letzten Moment, als wir unsere Sachen zusammenpacken, befallen Gregor doch noch gemischte Gefühle. Ich spüre seine Nervosität und seine Skepsis. Aber dann fahren wir los.

Zwei schweigsame Stunden im Auto.

Wir werden von altehrwürdigen Klostermauern empfangen, die zeitlos und ruhig wirken. Wahrscheinlich sind alle, die hierher angereist sind, am Anfang dennoch ein bisschen nervös.

Später werde ich Gregor zu Freunden sagen hören: „Dieses Seminar war unser Rettungsanker."

Wir fühlen uns während des Seminars sehr gut aufgehoben. Wir lachen viel und wir begegnen zwischendurch unserer jeweiligen Verletzbarkeit.

Während der Übungen werden wir viele Male überrascht. Und als wir wieder nach Hause fahren, haben wir beide das Gefühl, in diesen Tagen etwas wirklich Neues kennengelernt zu haben.

Gregor bedankt sich bei mir.

Dafür, dass ich nicht locker gelassen habe, dass ich ihn da sozusagen hingeschleppt habe. Wir sehen einander im Anschluss an das Seminar mit anderen Augen.

Natürlich werden wir feststellen, dass dieses Wochenende aus uns noch lange keine Gesprächsvirtuosen gemacht hat. Wir sind Anfänger. Wir wollen üben.

Die Gesprächstechnik, die wir im Seminar kennengelernt haben, beruht vor allem auf dem Prinzip des aufmerksamen *Zuhörens.* Schuldzuweisungen, sprachliche Untergriffe und Verbalattacken sind also erst einmal Tabu. Kann man sich vorstellen, wie schwierig das war? Stattdessen wird *gespiegelt.* Die Aussagen des Partners oder der Partnerin werden möglichst genau und wortgetreu wiederholt, und zwar Satz für Satz. Direkt auf das Gehörte zu antworten, ist leider verboten, und das bedeutet eine wirklich große Herausforderung. *Wiederholen,* nicht antworten.

In einer zweiten Runde wiederholt man das Gehörte noch einmal, diesmal zusammenfassend, und dann sogar noch ein drittes Mal: Wenn möglich, versucht man dabei auch Verständnis für die Sichtweisen und für die Erfahrungen des anderen aufzubringen. Nach wie vor gilt aber: Antworten ist verboten.

Dieses aktive Zuhören benötigt sehr viel Geduld.

In diesen Momenten geht es ausschließlich darum, den oder die andere möglichst umfassend wahrzunehmen, und ihn oder sie vielleicht ansatzweise zu verstehen.

Auch für den Sprechenden bedeutet so ein Dialog eine echte Herausforderung. Wir sollten während des Seminars unsere Wortwahl immer sehr genau abwägen (keine Schuldzuweisungen!). Und wir sollten insgesamt, wenn möglich, unsere Sichtweise auf die Probleme in unserer Partnerschaft neu definieren.

Neu war für mich: Der Automatismus, der andere sei schuld an meinen Problemen, hatte hier leider gar nichts verloren.

Im Gegenteil: Wenn ich bei so einem Dialog gerade am *Senden* war (wenn ich also gerade voller Energie loslegen wollte mit Anschuldigungen und Vorwürfen), dann musste ich mich jäh einbremsen. Ich sollte beim Nachdenken über das Reizthema nun immer auch meine eigenen, schon früher gemachten Erfahrungen in Betracht ziehen. *Alleingelassen. Nicht ernst genommen. Nicht ausreichend geliebt.* Ich sollte mich fragen: Woran erinnert mich der ganze Schlamassel? Man befragt sich also, was die eigenen früheren Erfahrungen mit den aktuellen Schwierigkeiten zu tun haben könnten, und bringt diese Zusammenhänge im Dialog auch zur Sprache.

Auf diese Weise kann eine Brücke entstehen zwischen Vergangenheit und Gegenwart.

Erkennt man solche Zusammenhänge, dann hat man eigentlich schon fast gewonnen.

Deine, meine, unsere Geschichte.

Das, was uns vorher noch getrennt hat, kann uns von jetzt an neu verbinden.

Als wir damals diese ritualisierten Dialoge kennengelernt haben, da waren wir wirklich verblüfft.

Zweieinhalb Tage, und wir haben erlebt, dass man relativ leicht erlernen kann, wie man wertschätzend miteinander kommuniziert.

Und zwar auch über die wirklich heißen Themen innerhalb einer Beziehung.

Bei uns zu Hause gibt es nun einen neuen Satz, den wir jeweils zum Beenden unserer Dialoge kennengelernt haben.

Immer dann, wenn wir uns in einer schwierigen Situation im Gespräch aufeinander zubewegt haben. Wenn wir spüren, dass das Eis zwischen uns nun gerade wieder am Schmelzen ist.

Danke, dass du mir zugehört hast.

Teil III: Familie

Wiederholungen. Wertschätzung. Wunder.
Und warum wir ein anderes Wirtschaftssystem brauchen

Es hat sich bewegt

Es ist heiß. Eine echte Hitzewelle hat das Land fest im Griff. Ich vermeide jede überflüssige Bewegung. Wir sind auf Sommerfrische, die ganze Familie.

Karin, Victoria, Gregor und Emmanuel. *Wir* sind mittlerweile *zu viert.*

37 Grad im Schatten ...
Ich blättere sehr langsam auf einer Veranda in einem Büchlein mit handgeschriebenen Notizen. In unregelmäßigen Abständen habe ich in diesem Buch während meiner zweiten Schwangerschaft meine Empfindungen und Wahrnehmungen festgehalten.
Erste Eintragung:

Es hat sich etwas bewegt!
Wie lauter kleine Purzelbäume ...
wie winziges Getrappel innen an meiner Bauchdecke ...

Geschrieben habe ich das im Dezember des vergangenen Jahres.
Ich lese weiter:

Vor Aufregung fast nichts geschlafen,
die ganze Nacht über hellwach.
Ich will nichts versäumen!

Es ist also wahr,
ich will und ich darf noch einmal.
Seit ca. zwölf Wochen weiß ich es.

Ich blättere um. Auf der nächsten Seite lese ich weiter:

Heftige Übelkeit, regelmäßiges Kotzen,
und danach immer ganz zittrige Knie.
Es geht mir gar nicht gut.

Aber trotz allem mein stärkstes Gefühl:
Das Wichtigste hat abermals begonnen.

Dass mir als Schwangere diesmal monatelang derart übel sein würde, damit hatte ich überhaupt nicht gerechnet. Bei meiner ersten Schwangerschaft war ich insgesamt vielleicht sieben Mal kotzen, und zwar erst ziemlich spät, also im fünften oder sechsten Monat der Schwangerschaft. Diesmal war es von Anfang an anders.

Die Wiener U-Bahn mit all ihren menschlichen Gerüchen, besonders nach Regengüssen, war für mich vorübergehend ein Ort zum Davonlaufen. Nicht nur einmal bin ich während dieser Zeit mit pumpendem Magen davongerannt, sobald sich die Türe zur Welt wieder öffnen ließ. Raus, raus, raus!

Und nicht nur einmal habe ich mir in derartigen Momenten gedacht, *wie blöd* ich doch war, wie *idiotisch!* Dass ich mir das ernsthaft und wissentlich unbedingt noch einmal gewünscht habe …

Bauchgefühl

Ich lese weiter. Hier steht ein Text, den ich gut kenne:

Unsure of what the balance held
I touched my belly, overwhelmed
by what I had been chosen to perform.

Beide Male hat mich während der Schwangerschaft dieses Lied begleitet. Schon beim ersten Mal hatte ich es für mich entdeckt. Und elf Jahre später, beim zweiten Mal, ist die Erinnerung an diese Musik wieder aufgetaucht.

To Zion von Karen Ramirez.

Da singt eine junge afroamerikanische Sängerin über ihre Gefühle als junge, schwangere Frau. Sie singt über den Zeitpunkt, als sie entschieden hat, ihr Kind wirklich zu bekommen. Die Menschen in ihrem Umfeld vermitteln ihr wohlmeinend, dass ihre Entscheidung gegen jede Vernunft spricht, aber sie entscheidet sich für ihr werdendes Kind. Und damit *gegen* den Rat ihrer Familie.

Es wird ihr geraten, das Kind rechtzeitig abzutreiben. Jetzt, wo sie doch gerade auf dem Sprung in eine vielversprechende Karriere sei. Das sollte sie sich doch nicht vermasseln! Wo sie doch so talentiert sei.

Auch ich hatte während meiner ersten Schwangerschaft sehr oft den Eindruck, dass sich viele Menschen in meiner Umgebung (und ich meine damit nicht meine Familie sondern viel mehr mein berufliches Umfeld) sehr darüber gewundert haben, dass ich mein Kind wirklich *bekommen* wollte.

Ich hatte immer wieder das Gefühl, dass Kolleginnen oder Kollegen mir im Gespräch zwar mit freundlicher Miene und höflicherweise so etwas wie *Gratuliere!* sagten, dass sie aber gleichzeitig eher befremdet waren. Die Reaktionen meiner Kolleginnen und meiner Vorgesetzten führten bei mir gefühlsmäßig zu etwas, das ich am ehesten als trotzigen Stolz bezeichnen würde.

Wie alle Frauen hatte ich während meiner ersten Schwangerschaft keine Ahnung, was als Mutter auf mich zukommen würde. Von Anfang an war aber eine Gewissheit in mir, dass ich diesem Kind eine liebevolle Mutter sein wollte. Mit ganzer Kraft, und so gut es mir eben möglich war. Ich hatte von Beginn an das Gefühl, dass dieses Wesen, das sich für ein paar Monate in mir eingenistet hatte, und das nun durch mich zur Welt kommen wollte, genau das richtige Kind für mich sein würde.

Ein Kind zu bekommen war einerseits überhaupt nicht geplant, es war für mich völlig unerwartet. Aber *genau dieses Kind* in mir zu tragen, fühlte sich nun völlig richtig an. In manchen Momenten fühlte sich mein Körper an, als wäre er von Licht durchflutet.

Ich ahnte, dass mein Leben schwieriger werden würde mit dieser Entscheidung.

Aber da drinnen *in mir* passierte gerade etwas wirklich Großartiges. In mir wuchs ein ungeborenes Kind heran. Gleichzeitig wuchs in mir das für mich neue Gefühl, etwas wirklich *Wesentliches* tun und erleben zu können.

Während der kommenden Monate und dann während der Geburt meines Kindes würde ich unmittelbar erleben dürfen, wie ein menschliches Wesen zur Welt kommt. Ich dachte mir immer wieder, dass es nichts Größeres gibt auf dieser Welt.

Wahrscheinlich wollte ich auch deshalb so gerne noch ein zweites Mal Mutter werden. Ich wollte noch einmal ein Teil von dieser ursprünglichen Lebenskraft sein, ein Teil dieses umfassenden Wunders.

Gelandet

Ich blättere weiter und lande beim Tagebucheintrag vom 10. Mai 2010.
Ich lese, und bin wie zurückverwandelt.

Mit uns ist ab jetzt unser kleiner, zarter Frühlingsstern,
Emmanuel!

Ich streichle das Papier, und sehe mein kleines Baby vor meinem inneren Auge. Ich sehe ihn, so wie er war in diesen allerersten Tagen.

Vor zwei Wochen ist er sanft bei uns gelandet,
und er hat uns vom ersten Augenblick an verzaubert.

Was für eine unglaubliche Zeit!

Einen ganzen Monat vor dem errechneten Termin hat sich unser Baby
auf den Weg gemacht zu einer schnellen und sanften Geburt.
Ich sehe ihn an, den Kleinen, den Zarten,
und fühle mich selbst auch ganz dünnhäutig.

Sein Stimmchen
ist wie ein zartes, hohes Fiepen,
an seinem Körper
ist kaum ein Gramm Fett.
Seine Beinchen ganz dünn,
sein kleines Köpfchen so schmal,

wir sind alle ganz vorsichtig und leise.
Er soll langsam und sicher bei uns ankommen können.

Was für ein Wunder!
Mein Baby,
du bist so wunderwunderschön.

Geschwungene Bleistiftgirlanden, gezeichnetes Blätterwerk und Blüten, alles wächst und gedeiht hier im bildlichen Sinne.
Ich erinnere mich an meine gefühlte Demut und an tiefe Dankbarkeit.
Die letzte Zeile unter dem Zierrat:
Dem Himmel sei Dank!

Plötzlich! Es tut so weh ...

Diese Zeit der Wunder und des Staunens wurde jäh unterbrochen.
Ein unerklärlicher Schmerz bemächtigte sich meines rechten Fußes.
Ein Schmerz, wie ich ihn noch nie gefühlt hatte. Dieser Schmerz begann alles zu dominieren, ich konnte mich kaum mehr fortbewegen.
Ich fühlte mich steif und alt und unbeweglich.
Nichts ging mehr und es ging mir gar nicht gut.
Zähneknirschen, und jeder Versuch aufzutreten scheiterte kläglich.

Ich schrieb in mein Tagebuch:
Gar nichts kann ich alleine tun, nichts funktioniert mehr normal, bei fast allem brauche ich Hilfe.
Emmanuel war gerade fünf Wochen alt, als diese Tortur begann.
Ausgerechnet jetzt dieser Schmerz! Diese beiden Extreme schienen so gar nicht zusammenzupassen; einerseits *das Wunder des Lebens,* zart und vollkommen! Ein kurzer Blick oder ein zartes, kleines Gefiepse genügten, dass alle meine Instinkte aufbrandeten ... *Ich will mein kleines Baby umsorgen!!*
Aber da war noch ein anderes Gefühl.
Wie *aus meinem Leben gekickt,* steif, um Jahrzehnte gealtert. Ohne Energie!

Wo war bloß meine Lebensfreude hin? Der Schmerz schien alles zu überdecken.

Warum gerade jetzt?
Eben, genau. Genau jetzt.
Wo alles noch einmal von Neuem begann.
Ich habe mir dieses zweite Kind so sehr gewünscht, ich wollte so gerne noch einmal schwanger sein, noch einmal eine Geburt erleben und gemeinsam mit meinem Liebsten noch einmal ein Kindlein von Anfang an ins Leben begleiten. Aber jetzt...
Ich habe Angst. Vor der Zukunft. Dass ich es nicht schaffe.

Es tut schrecklich weh, und zunächst kann mir kein Arzt, keine Ärztin helfen. Keine Ursache, die mein Symptom erklärt, wird gefunden.
Ich darf meinen Humor nicht verlieren! Und meinen Optimismus!
Im besten Fall, will ich mich trösten, wird mich auch dieses Abenteuer und diese Prüfung ein Stück weiter zu mir selbst führen.

Drei Wochen verstreichen ohne brauchbare Diagnose. Schmerzmittel bleiben wirkungslos, selbst Injektionen direkt in den Fuß bewirken rein gar nichts. Einer Homöopathin gelingt phasenweise eine deutliche Schmerzlinderung, und nach drei Wochen, endlich, das Ergebnis einer Magnetresonanz-Aufnahme: Das Fersenbein ist gebrochen.

Mir fällt zuerst einmal ein riesiger Stein vom Herzen.
Die Schmerzen und der Knochenbruch waren ohne Unfall gekommen, sie hatten an einem sonnigen Tag im Mai ohne erkennbaren Auslöser begonnen. Sie waren plötzlich *wie von selbst* da, sind innerhalb weniger Stunden immer schlimmer geworden und wollten einfach nicht mehr weggehen. Bis zur rettenden Diagnose hatte mir unter anderem die Annahme eines Arztes, es könnte sich um einen erstmals aufgetretenen Rheuma-Schub handeln, eine Riesenangst eingejagt. *Rheuma!*... Und dazu einen Säugling im Arm!
Die Diagnose Fersenbeinbruch war also nach diesen Befürchtungen erhellend wie das bunte Licht eines Regenbogens.

Ich sitze im Behandlungszimmer von Dr. Asa Bethania. Die Ärztin sitzt mir gegenüber, sie hat schwarze, glänzende Haare und Alabasterhaut, sie spricht mit einer sehr angenehmen, samtigen Stimme. Sie strahlt Ruhe aus und Wärme. Ich erfahre, dass sie selbst zwei kleine Kinder hat. Auch sie muss ihre Termine mit ihrem Mann und der zusätzlichen Kinderbetreuung koordinieren. Das verblüfft mich, denn sie scheint äußerlich die Ruhe in Person zu sein.

Ich darf mich von der Angst vor einer möglichen Rheumaerkrankung wieder verabschieden, halleluja! Nun suche ich im Gespräch mit meiner Ärztin nach belastenden Themen. Wir suchen nach dem, was mich möglicherweise *krank gemacht* hat. Wir suchen nach *Kränkungen*.
Wir tasten uns ganz langsam heran; plaudernd navigieren wir durch mein bisheriges Leben.
Ich erzähle der Ärztin von früher.
Von Reisen nach Samoa, wo ich mich vom ersten Moment an wie zu Hause gefühlt hatte. Erzähle, wie ich mit Süßwasserdelfinen in einem Fluss in Venezuela geschwommen bin. Ich erzähle von kleinen und von großen Abenteuern, und davon, wie leidenschaftlich gerne ich immer gereist bin.
Nach den Reisen beginne ich über meine Arbeit zu sprechen, über frühere Projekte, erzähle meiner Ärztin über einen Film, den ich kurz vor Victorias Geburt fertiggestellt habe. Dass dieser Film auf einem österreichischen Filmfestival uraufgeführt wurde, als Victoria gerade sechs Wochen alt war. Ich erzähle, dass ich damals mit meinem Baby im Tragetuch zur Premiere nach Graz gereist bin, und dass das zwar anstrengend war, dass ich mich dabei aber trotzdem voll und ganz in meinem Element gefühlt habe.
Ich erzähle vom Musik machen, von einem Plattenvertrag, von mehreren Tourneen und von besonders schönen Konzerten mit meiner Elektronik-Band Aromabar. Von Auftritten in Deutschland, Italien, Frankreich und Russland.
Ich erinnere mich: Wie oft haben mir damals Bekannte gesagt, ich sei *so mutig,* und dass ich so viele *tolle Dinge* machen würde. „Ich würde mich das alles niemals trauen!", war ein Feedback, dass ich von Freundinnen damals sehr oft zu hören bekam.

Neben meiner Freude über die Komplimente dachte ich mir immer wieder, dass die verschiedenen Betätigungsfelder, in denen ich mich damals bewegt habe, von vielen Menschen sehr überschätzt wurden. Das Musikmachen oder das Filmen, das Reisen oder die journalistische Arbeit: All dies war die meiste Zeit über ohne größere Anstrengung geschehen.

Beim Arbeiten, also beim Ausleben meiner Kreativität, hatte ich viel Freude, und ich fühlte mich stets pudelwohl angesichts der Herausforderung, ein Projekt ganz bis zum Ende zu bringen. *Mut* war dafür keiner nötig, oder zumindest empfand ich es so. Es brauchte eher eine freudige Konsequenz im Tun.

Worauf sind Sie stolz?
So fragt da ganz plötzlich meine Therapeutin:
Gibt es etwas, worauf Sie wirklich stolz sind?
Kurze Pause,
innehalten,
und ich spüre, wie mir scharf das Wasser in die Augen steigt. Es brennt in meinen Augen.

Auf die Victoria,
fährt es aus mir heraus, *auf mein Kind!*
Auf meine elfjährige Tochter, auf dieses wunderbare Geschöpf ...
auf dieses schöne Mädchen mit seinem wachen Geist und mit seinem großen Herzen!
Auf sie bin ich stolz.
Und ich bin stolz darauf, dass ich es geschafft habe, sie alleine so zu begleiten, wie es eben gewesen ist. *Darauf bin ich stolz!* Tränen kullern über meine Wangen.
Mjaa, sagt die Ärztin, und sie sagt es liebevoll, mit ruhiger Stimme, *und genau da fehlt die Anerkennung.*
Ich nicke, wortlos, die nassen Lippen schmecken salzig.
Während des ganzen Besuchs in der Praxis sitze ich mit Baby im Tragetuch sehr aufrecht auf einem Sessel. Denn ich bin die ganze Zeit über, neben dem Gespräch, immer darauf bedacht, dass der kleine

Emmanuel nicht aufwacht. Also wiege ich zwischendurch mit meinem Oberkörper mein Baby sanft hin und her…

Dann werde ich noch sagen, dass ich mir wünsche, dass ich eines Tages, vielleicht in zehn Jahren, auf den kleinen Emmanuel genau so stolz sein werde, wie ich es jetzt schon auf Victoria bin. Und dass ich mir dieses zweite Baby von ganzem Herzen gewünscht habe; dass wir ihn wirklich zu uns eingeladen haben, und dass es wunderbar ist, dass er zu uns gekommen ist. Schnief. *Danke!* Die Ärztin reicht mir ein neues Taschentuch.

Anerkennung… *Anerkennung!*

Mein Brustkorb weitet sich, ich atme freier und mein Herz vibriert, es kribbelt in meinen Gliedern.

Ich fühle mich lebendig, ungleich lebendiger als zuvor. Ich kann am Heimweg regelrecht spüren, wie mein Blut in kräftigen Stößen durch die Gefäße transportiert wird. Ich bin am Grübeln, Gedanken und Gefühle gehen Hand in Hand; *wie würde sich das anfühlen, wenn wir den Müttern mehr Anerkennung schenken würden?*
Meiner eigenen Mutter,
und überhaupt den Müttern in unserer Gesellschaft.
Und in der Folge auch uns selbst…

Schräges Wertesystem

Seit dem Gespräch mit meiner Ärztin ist nun schon bald ein Jahr vergangen.

Weitere Gespräche folgten, das Thema beschäftigt mich immer noch, und wird es wahrscheinlich mein Leben lang tun.

Ich erlebe immer wieder, wie sehr mich dieser Mangel an Anerkennung betrifft, und zwar in mehrfacher Hinsicht.

Eine positive Aufmerksamkeit für Mütter, für deren unbezahlte Familienarbeit, eine adäquate *Anerkennung* für die 24-Stunden-Bereitschaft von Müttern wie Vätern, fehlt nicht nur in meinem gesellschaftlichen *Umfeld.* Längst bin ich selbst ein Teil davon geworden.

Ich bekenne es ungern, aber ich sehe es jetzt immer klarer. Auch *ich* habe und hatte die längste Zeit über ein recht schräges Wertesystem. Ich selbst bin ein Teil dieser Gesellschaft.

In ihr bin ich groß geworden und habe seit meiner Kindheit wie selbstverständlich diese geringschätzige Haltung gegenüber der Arbeit im Haus und innerhalb der Familie in mein eigenes Wertesystem übernommen: Die Geringschätzung von Müttern und deren unbezahlter Arbeit. *Ich selbst* muss also lernen, *mir* als Mutter mehr Aufmerksamkeit zu schenken.

Wenn ich ein glücklicher Mensch werden will, muss ich lernen, diesen großen Teil meiner Arbeit, meines Wirkens und meines Seins, wertzuschätzen.

Und in der Folge gilt das natürlich auch für meine Sichtweise auf all die anderen Frauen um mich herum, die jeweils auf ihre eigene Weise Mütter sind.

Ich nehme mir vor und will mich darum bemühen: mehr Aufmerksamkeit und mehr Anerkennung von mir für diese Frauen.

Dasselbe gilt natürlich auch für die Männer, die ihre Vaterrolle mit viel Liebe und mit Tatkraft ausfüllen. Ich glaube aber, dass Väter seltener mit diesem Gefühl von Wertlosigkeit zu kämpfen haben als Mütter. Denn die modernen Papas rutschen eben nicht in die gleiche, rostige Falle wie ihre eigenen Väter, sondern sie gehen einen *anderen* Weg. Als aktive Papas sind sie *Pioniere.* Und damit immer auch ein bisschen Helden.

Heldinnen ohne Status

Ich nehme mir also vor, meine eigene Denkweise zu hinterfragen.

Ich selbst möchte lernen, die unbezahlte Hausarbeit als genauso wertvoll zu erachten, wie die bezahlte Erwerbsarbeit.

Unsere Erwerbsarbeit wird üblicherweise außer mit Geld auch noch mit Anerkennung bezahlt, die zwar je nach Berufsgruppe größer oder kleiner sein kann, aber immerhin. Der Beruf und der Besitz definieren in der Konsum- und Erwerbsgesellschaft unseren Status.

Die unbezahlte Familienarbeit kommt in unseren Vorstellungen, wer wofür wie viel Anerkennung bekommen sollte, im Allgemeinen überhaupt nicht vor.

Ich finde, das kann sich nicht ausgehen.

Dieses gesellschaftliche und wirtschaftliche System stürzt alle Eltern in ein Dilemma. Moderne Eltern, die Beruf und Familienarbeit kombinieren, sitzen in einer Zwickmühle, in der sie und auch ihre Kinder aufgerieben werden.

Wir brauchen eine Neuorientierung.

In einer Gesellschaft, in der alles auf Konsum ausgerichtet ist, müsste auch die Elternarbeit finanziell entsprechend abgegolten werden. Familien mit Kindern brauchen innerhalb dieses Systems eine echte Absicherung, und dasselbe gilt für Familien mit kranken und daher pflegebedürftigen Angehörigen. Mit einem fairen Grundeinkommen für alle wäre das gut möglich.

Bis wir als Kollektiv in einem anderen Wirtschaftssystem ankommen werden, will ich mich täglich darin üben, Mütter, wo auch immer sie mir begegnen, als Heldinnen zu sehen. Denn ihre Selbstachtung und ihr Nervenkostüm werden täglich auf die Probe gestellt.

Beim Einkaufen im Supermarkt: Die ganze Lebendigkeit ihrer Kleinen, aber dazu wie so häufig der Zeitdruck. Zwischen den Regalfronten finden sich *so viele schöne Sachen!* Es ist ganz normal, dass ein Kind die verlockenden Verpackungen auch angreifen und auf diese Weise kennenlernen will, und das braucht viel Zeit und viel Aufmerksamkeit. Die Mutter will ihren Einkauf erledigen, muss aber gleichzeitig auch hinschauen zu ihrem Kind, denn sonst landen blitzschnell und heimlich ganz viele Süßigkeiten und Spielsachen im Einkaufswagen. Beim Anstellen an der Supermarkt-Kassa folgt noch die Schlussszene bei der in Kinderaugenhöhe ausgestellten Schokolade und den bunten Kauf-mich-doch-Kaugummis. Einen ganz normalen Einkauf mit kleinen Kindern ohne Heulen und ohne andere Zwischenfälle zu meistern bedeutet mütterliche Höchstleistung.

Nach dem Büro oder nach der Schule, im öffentlichen Verkehrsmittel: Müde von der bezahlten Arbeit, aber eine Verschnaufpause ist leider nicht drin. Die *andere,* die unbezahlte Arbeit hat auf dem Heimweg begonnen. Diesen Müttern mit ihren Kindern begegne ich am späten Nachmittag in überfüllten Straßenbahnen. Oder bei einem Arztbesuch mit ihren kränkelnden Kindern im Wartezimmer.

Mütter überall dort, wo sie mit ihren Kindern das Gefühl vermittelt bekommen, dass sie die anderen *stören.* Dass sie die *Ruhe stören.* Dass sie den *reibungslosen Ablauf stören.*

Von dieser weit verbreiteten Grundhaltung werden Frauen, die Mütter sind, laufend und wiederkehrend gekränkt. Wir sollten ihnen etwas anderes vermitteln.

Ich möchte jetzt gleich einen Anfang machen:
Mütter! Ihr. Seid. Heldinnen!

Zusammen. Leben.

Ein leuchtend grüner Sommer. Es geht mir gut.

Es regnet zwar seit beinahe drei Wochen und die meisten meiner Bekannten sind deshalb schon ziemlich genervt. Aber meine gute Laune scheint derzeit unverwüstlich.

Ein Blatt treibt in einer kleinen Lacke ... *ein Herz!*

Ich habe Steaks gekauft, und nun will ich sie braten, aber was sehe ich da in der Pfanne? *Vier rote Herzen,* sie schmurgeln im heißen Öl ...

Auch die Eierspeise am Morgen, sie hatte ein *lächelndes Gesicht,* als ich sie vorsichtig aus der Pfanne hob.

Die Herzen sind überall. Herzwolken am Himmel, herzförmige Paradeiser, mein Auge erblickt Herzen, wohin ich auch schau.

Alles fließt, die Kinder gedeihen, und unsere Liebes- und Elternbeziehung hat jetzt, mitten im Sommer, gerade ein Hoch.

Wir sind übersiedelt.

Vor ein paar Monaten sind wir in ein Holzhaus am Rande des Wienerwaldes gezogen, es liegt etwa dreißig Kilometer von der Stadtgrenze entfernt.

Ich bin nicht gerne aus meiner alten, aus meiner *eigenen* Wohnung weggegangen. Meine Nachbarinnen und meine Freundinnen ganz in der Nähe würden mir fehlen, das war mir klar. Aber der Umzug war eine Notwendigkeit, denn für uns vier war meine schöne alte Wohnung ganz eindeutig zu klein.

An die ersten drei Monate kann ich mich fast nicht erinnern. Ich befand mich in einem Zwischenzustand, ich habe meine alte Wohnung sehr vermisst. Meine Gewohnheiten. Meine Nachbarinnen. Und die Art, wie ich mich blind und auch im Halbschlaf in meinem vertrauten Umfeld zurechtgefunden hatte. Meine Lichtschalter, die ich jederzeit, auch nachts und im Finsteren, ohne zu suchen anpatschen konnte. Jeder Schritt in der Wohnung, jeder Handgriff und jede Kurve waren mir vertraut, und ich habe nicht gewusst, dass man solche Selbstverständlichkeiten so schmerzlich vermissen kann.
Die ersten Monate im neuen Zuhause waren also vor allem eine Zeit des inneren Widerstandes.
Ich habe gespürt, dass ich noch nicht bereit war, im neuen Haus anzukommen.
Und auch nicht in dessen Umgebung.
Ich habe alles vermisst, was bis dahin für mich *normal* gewesen ist.
Wo waren die vielen Menschen, die mir in der Großstadt auf dem täglichen Weg zur U-Bahn entgegengekommen wären? Wo waren die vielen, kleinen Geschäfte? Buchhandlungen, Antiquariate? Secondhandläden?
Meine erste Zeit hier draußen lässt sich am besten als *Entzug* beschreiben.
Hier zwitschern zwar die Vögel, alles singt und jubiliert, aber es gibt weit und breit keinen einzigen kleinen Laden. Es gibt in meinem neuen Umfeld anscheinend keinerlei Orte für unkomplizierte, den Alltag beflügelnde Kommunikation. Meine bisherigen urbanen Gewohnheiten finden hier ganz einfach nicht statt.
In den ersten Wochen und Monaten nach der Übersiedlung hatte ich manchmal das Gefühl, ich selbst würde mich ohne diese Möglichkeiten ebenfalls auflösen.

Jetzt endlich ist Sommer. Sommer hilft immer. Im Sommer ist für mich alles gut.

Ich kann stundenlang Vögel beobachten, mir wird dabei niemals langweilig.

Ich lausche den Amseln, beobachte Finken und Meisen, manchmal kann ich von unserem Balkon aus sogar Bussarde sehen.

Ich höre beim Aufwachen, wie der Specht lacht, und beim Spazierengehen, wie ein Kuckucksruf vom Wald her über die Wiese tönt. Libellen besuchen uns sogar in der Küche.

Wir staunen beim Abendessen auf der Terrasse über die Sonnenuntergänge. Wir hätten uns niemals erträumt, in unserem Alltag so eine Aussicht zu genießen.

Und wenn wir am Abend den Kinderwagen den Waldrand entlang schieben, werden wir für alle Mühen des Tages belohnt. Um uns herum leuchten tausende Glühwürmchen. In diesem Sommer lerne ich, dass es sie nicht nur in phosphorgelb gibt. Einige von ihnen leuchten türkis! Wir staunen. Ich habe nicht gewusst, dass es so etwas gibt.

Ich vermisse mein altes Leben, aber nicht mehr so sehr. Ich fühle mich nach wie vor unsicher, fühle mich gleichzeitig aber auch wirklich *beschenkt*.

Victoria ist zwölf, Emmanuel ist mittlerweile fünfzehn Monate alt, und dieses zweite erste Jahr mit einem kleinen Baby haben wir insgesamt gut überstanden.

Das Zusammenleben im neuen gemeinsamen Zuhause will behutsam geübt sein. Manchmal schlottern mir zwischendurch meine Knie, weil ich mich *wirklich* darauf eingelassen habe. *Zusammenleben.*

Für mich ist das neu. Ich bin gespannt, wohin es uns führt.

Viel Familie, wenig Geld

Der finanzielle Engpass kommt nicht vom Zusammenleben und auch nicht vom Übersiedeln. Er ist eine direkte Folge vom Kinderkriegen. Vor ein paar Wochen habe ich zum ersten Mal erlebt, wie sich das anfühlt, wenn einem der Bankomat kein Geld mehr gibt. Und zwar nicht, weil die Karte defekt ist, sondern weil der Überziehungsrahmen nach unten hin überschritten ist.

Kein Geld, und zwar weder auf meinem eigenen Konto noch auf dem meines Liebsten. Und auch kein Sparbuch in irgendeiner Schublade; keine vermögenden Eltern.

Das Haus? Nicht gekauft, nur gemietet. Wir haben eine Mietwohnung in der Stadt gegen ein gemietetes Haus im Grünen getauscht, die Kosten sind in etwa gleich geblieben. Natürlich hat der Umzug Geld gekostet, aber der Hauptgrund für unser Problem ist: Ich war ein Jahr lang in Karenz, ich durfte währenddessen nur wenig dazuverdienen, und auch Gregor hat während dieses Jahres auf ein paar Verdienstmöglichkeiten verzichtet, um mehr Zeit zu Hause und mit uns verbringen zu können. Ich bin sehr froh über die Art und Weise, wie Gregor seine Vaterrolle wahrnimmt. Aber unser Wirtschaftssystem bestraft familienorientierte Väter genauso wie Mütter.

Am Übergang von der Karenzzeit zu dem, was danach kommen soll, ist in jeder Hinsicht Fantasie angesagt: Man muss sich nicht nur überlegen, wie man den eigenen beruflichen Wiedereinstieg am besten gestalten will, und wie viel Zeit man nach wie vor für das Baby freihalten möchte. Man muss gleichzeitig auch das Geld für die rasant steigenden Babysitterkosten auftreiben. Denn nach einem ganzen Jahr mit deutlich weniger Einkommen als davor sind bei den meisten Familien alle Reserven aufgebraucht.

Jedes Mal, wenn Gregor und ich gleichzeitig das Haus verlassen wollen, um einer Erwerbstätigkeit nachzugehen, muss eine Leihoma bezahlt werden. Man kann sich ganz leicht ausrechnen: Mehr Geld benötigen und gleichzeitig weniger Geld verdienen, das kann nicht funktionieren. In mir brodelt die Wut, wenn ich über diese Situation schreibe. Warum tun wir immer so, als wären diese Probleme unveränderbare Schicksalsschläge? *Junge Familien haben halt kein Geld*, da heißt es: die Zähne zusammenbeißen und sparsam sein.

Warum?

Die ersten Tage, nachdem der Bankomat aus erkennbaren Gründen die Geldausgabe verweigert hatte, waren beklemmend.
Ich hatte Angst, habe mich unsicher gefühlt. Kein Licht in Sicht, kein Ausweg, der mir eingefallen wäre. Man fühlt sich in die Knie gezwängt. Natürlich erinnere ich mich: Genau so war das auch beim ersten Mal. Als Victoria etwa ein Jahr alt war, war ich finanziell und materiell im allertiefsten Keller gelandet. Für eine Freiberuflerin (und ganz besonders für eine Alleinerziehende) muss es innerhalb unseres Systems so kommen.

Wir *müssen* aktiv werden, denn der Kühlschrank ist leer und auch die nächste Miete will bezahlt werden. Gute Freunde werden zum Rettungsanker, aber das Anfragen um Hilfe fällt mir schwer.
Ich borge mir also zur Überbrückung Geld aus, und gleichzeitig versuche ich, meine Berufstätigkeiten anzukurbeln. Aber irgendwie klemmt diese Kurbel.

Klinkenputzen

Ich hätte nie gedacht, dass das so erniedrigend sein kann!
Ich bin eine so genannte „Neue Selbstständige". Das bedeutet, dass ich meiner Erwerbstätigkeit mittlerweile ohne einen fixen Arbeitgeber nachgehe. Aber diese Bezeichnung als Selbstständige, also quasi als Unternehmerin, wie sie mir vom Finanzamt vorgegeben wird, halte ich für eine absichtliche Beschönigung. Der englische Begriff *self employed* bringt es eindeutiger zur Sprache: *Man gibt sich selbst Arbeit.* Diese Formulierung trifft zu, und sie ist eine viel ehrlichere Beschreibung von dem, worum es sich handelt.
Ich arbeite in unterschiedlichen Berufsfeldern. Zum Beispiel als Sprecherin, etwa für Fernsehbeiträge oder für Dokumentarfilme. Als Stimm- und Sprechtrainerin für verschiedene Kunden. Sehr gerne arbeite ich auch als Moderatorin bei öffentlichen Veranstaltungen wie bei wissenschaftlichen Symposien. Eine andere Arbeit verschaffe ich mir außerdem als Sängerin in einer Band, wir spielen auf Hochzeiten oder bei anderen größeren Festen.

Mein erster Beruf war Journalistin. Auf diese Arbeit, mit der ich mich über mehr als ein Jahrzehnt sehr stark identifiziert hatte, habe ich als Mutter mehr und mehr verzichtet. Diese Arbeit war zeitlich zu unberechenbar, allzu oft war das Fertigstellen einer Sendung nicht vereinbar mit Kind-abholen-*Müssen*.

Der Löwenanteil meiner Arbeit ist derzeit, leider, *unbezahlt*.

Ich mag eigentlich alle meine Tätigkeiten; aber ganz eindeutig muss ich möglichst bald wieder mehr *bezahlte Arbeit* machen, denn mein Kontostand weist einen relativ hohen vierstelligen Betrag auf. Nur leider im Minus.

Wieder mehr bezahlte Arbeit machen? Noch nie habe ich so deutlich gespürt, wie schwierig das *Hineinkommen* sein kann, selbst wenn es sich um ein Zurückkommen handelt.

Ich schreibe Mails an frühere Kolleginnen und Kollegen, *Hallo, bin wieder da, Karenz schon vorüber,* dazu ein paar Babyfotos und liebe Grüße, *ich würde gerne wieder mehr . . ., mehr sprechen, oder auch was anderes . . .*

Und immer wieder ein ähnliches Echo:

Ganz lieb, Deine Süßen! Melde Dich, wenn Du in der Nähe bist! Lass uns einen Kaffee trinken! Im Moment leider keine Sprecherjobs, aber falls, irgendwann, ja freilich . . ., falls ich irgendwann was hab, ich sag's Dir gern.

Nur ein Jahr in Karenz, und man wird zur Bittstellerin.

Bei Victoria, damals als Alleinerziehende, konnte ich mir ein Jahr ohne Geldverdienen gar nicht leisten. Ich musste uns beide alleine versorgen, ich hatte keine Wahl. Bereits acht Wochen nach der Geburt, also gleich nach dem in Österreich geltenden gesetzlichen Mutterschutz, habe ich wieder die ersten Radiosendungen produziert. Das war bestimmt nicht ideal und ich würde das keiner Frau wünschen. Ich habe das als extrem anstrengend erlebt. Aber es hat mich damals zumindest vor diesem Komplett-neu-anfangen-Müssen nach der Karenzzeit bewahrt.

Meine momentanen Jobankurbelungsversuche fallen mitten ins Sommerloch, das erschwert meine Bemühungen.

Ich habe gerade überlegt, mich vorübergehend arbeitslos zu melden, damit wir wenigstens versichert sind, meine zwei Kinder und ich. Da tröpfeln doch noch ein paar einzelne Sprecherjobs herein. Irgendjemand hat mich *erhört* und wenigstens die Krankenversicherung ist somit bis auf wenige Tage gegen Ende der Sommerferien gesichert. Also werde ich mir den Aufwand einer Anmeldung beim Arbeitslosenamt, das man aufmunternd in Arbeitsmarktservice umbenannt hat, sparen. Ich hoffe, dass meine Bemühungen und meine Offenheit, dass ich *bitte wieder mehr arbeiten* will, mich und uns weiterbringen werden.

Kinderbetreuung

Falls meine Bemühungen fruchten, sind unsere nächsten Probleme vorhersehbar.

Wie alle Eltern von kleinen Kindern benötigen wir, damit wir bezahlte Arbeit machen können, während unserer Arbeitszeiten (und auch während der Zeit des Hin- und Herfahrens) eine geeignete Kinderbetreuung.

Die meisten Eltern haben früher oder später ein ganz normales Bedürfnis, zwischen sich und ihre Sprösslinge zeitweise wieder ein bisschen Abstand zu bringen. Babysitter, Tagesmütter, Leihomas und Kindergärten sind also für die meisten Eltern auch so etwas wie ein Schlüssel zur Rückgewinnung eines Teils der eigenen Bewegungsfreiheit.

Kaum jemand wünscht sich aber nach Ablauf der Elternkarenz ganz plötzlich eine Trennung vom eigenen Kind an allen fünf Wochentagen, und zwar von in der Früh bis zum Abend. Was aber tun, wenn das Behalten der Arbeitsplätze von Mama und Papa genau das verlangt?

Die institutionelle Kinderbetreuung ist mittlerweile zu einem Lieblingsthema in den Medien geworden. Das Thema klopft einerseits bei unseren tief sitzenden Ängsten um unsere Kinder an, aber natürlich auch bei unserem schlechten Gewissen.

Wird mein Kind dort auch wirklich gesund ernährt?

Bekommt es ausreichend Schlaf?

Wer wird mein Kind trösten, wenn es dort einmal traurig ist?

Je mehr wir uns vor einer möglicherweise mangelnden Qualität innerhalb der gewählten Kinderbetreuungseinrichtung fürchten, umso genauer sollten wir uns selbst befragen, ob wir dem Lebens- und Arbeitszeitmodell, in dem wir gerade stecken, auch wirklich zustimmen. Wie viel institutionelle Kinderbetreuung kann man sich als Mutter oder als Vater zur *Förderung* des Kindes schöndenken? Ab wo beginnt das Gefühl von Unbehagen in Bezug auf die vielen, vielen Wochenstunden, die ein Kind in einer Krippe, in einem Kindergarten oder in einer Schule samt Nachmittagsbetreuung zubringen muss? Wir haben uns anscheinend daran gewöhnt, dass eine Vierzig-Stunden-Woche für erwerbstätige Männer und Frauen als erstrebenswerter *Normalfall* angesehen wird. *Die Wirtschaft* braucht vorwiegend Vollzeitarbeitskräfte, und sie mag keine Ausnahmen.

Aber braucht sie das wirklich?

Wollen wir für unsere Kinder wirklich immer noch mehr ganztägige Betreuungseinrichtungen, die möglichst von sieben Uhr in der Früh und am besten bis halb acht am Abend geöffnet haben sollten? Damit wir diesem seltsamen Normverständnis gerecht werden können?

Es ist Wahlkampf, und die Zeit der großen Rededuelle im Fernsehen ist gekommen. Kanzler und Vizekanzler sind demnächst an der Reihe, und ich werde gefragt, ob ich als Mutter an dieser Diskussion teilnehmen möchte. Es soll nämlich auch das Thema Kinderbetreuung angesprochen werden.

Ich überlege, denn das Thema ist mir sehr wichtig.

Schließlich entscheide ich mich gegen eine Teilnahme an so einer Diskussion. Ich will mich auf keinen Fall für die reaktionären Ideen von Politikern hergeben, die immer noch denken, dass der Pater familiae mit einem stattlichen Einkommen seiner Aufgabe als Familienerhalter nachkommen sollte, während die treu sorgende Mutter sich *naturgemäß* eher im häuslichen Bereich verwirklichen solle. Und daneben, wenn sie das wolle, als moderne Frau auch gerne einer Teilzeitbeschäftigung nachgehen könne. Dass also daher eine *Halb-*

tagsbetreuung der Kinder außer Haus vollkommen genügen würde. Wenn die Familie im traditionellen Sinn mit all ihren wohlverteilten Rollen gelobt wird, dann wird stets großväterlich betont, dass diese Rollenverteilung erwiesenermaßen auch für die lieben Kinder das Beste und das Gesündeste wäre.

Mein eigener Wunsch, in aller Ruhe und qualitätsvoll Zeit mit meinen Kindern und mit meinem Partner verbringen zu wollen, darf in der Verkürzung einer Fernsehdiskussion auf keinen Fall in diesem Sinne missverstanden werden. Mir geht es selbstverständlich um eine Gleichberechtigung zwischen Mann und Frau.

Gleichzeitig will ich aber auch nicht einfach nur zustimmend nicken, wenn Politiker der anderen Seite kontern, dass das Familienerhalter-Modell vollkommen an der heutigen Realität vorbeigeht (was zweifellos stimmt), und dass heute selbstverständlich längst ganz oft beide Elternteile vollzeitbeschäftigt sind (was auch stimmt).

Wenn daraus nämlich ausschließlich folgt, dass wir deshalb noch viel mehr Betreuungseinrichtungen bräuchten, deren *Öffnungszeiten daher auch noch viel stärker ausgeweitet* gehörten, dann bin ich auch für diese Argumentation nicht zu haben. Für mich greift sie nämlich viel zu kurz. Das wichtigste Thema wird hier meiner Meinung nach ausgespart: Die Normalarbeitszeit von Männern und Frauen sollte deutlich reduziert werden, auf etwa 30 Stunden in der Woche.

Mütter wären dann nicht mehr so stark benachteiligt. Sie würden nur mehr für kurze Zeit nach ihrem Wiedereinstieg in den Beruf ein Teilzeitmodell benötigen. Sozusagen als Übergang. Sie hätten sehr bald wieder ein *normales Einkommen,* und sie würden nicht mehr am beruflichen Aufstieg gehindert werden. Sie bekämen später eine *normale Pension.* Und auch Väter hätten endlich mehr Zeit für ihr Privatleben und für ihre familiären Aufgaben.

Menschen, die keine Kinder haben, könnten sich neben ihrer Vollzeitbeschäftigung auch noch anderen Interessen oder Aufgaben widmen. Vielleicht würden manche von ihnen sogar an zwei Halbtagen in der Woche die Kinder der türkischen Nachbarfamilie betreuen. Möglicherweise würden sie ihr Leben so mit mehr Sinn und Lebensfreude anreichern. Kinderlose Erwachsene hätten also Zeit für verschiedene ehrenamtliche Tätigkeiten, und Mamas und Papas für ihre „ehrenamtlichen" familiären Aufgaben. Für mich klingt das insgesamt nach einer Gesellschaft, in der Große wie Kleine regelrecht aufblühen würden.

Mit voller Hingabe

Während ich in diesem Sommer noch immer auch damit beschäftigt bin, mich an den verschiedenen Orten meiner Berufstätigkeiten in Erinnerung zu rufen, und während ich dabei davon überrascht werde, wie zäh sich dieser Wiedereinstieg gestaltet, vollzieht sich gleichzeitig bei uns zu Hause *das pure Leben*.

Emmanuel und das Obst, das ist eine Geschichte voller Hingabe. Birnen, Äpfel und Himbeeren hat er als erstes kennengelernt, und nach wie vor kann man ihn damit von jeder Beschäftigung ablenken und weglocken. Sogar von Mamas Mobiltelefon!

Über mehrere Wochen hinweg war der erste Höhepunkt des gemeinsamen Tages jeweils unser Mangofrühstück. Ein Foto von Emmanuel erinnert mich daran: der Kleine mit seinen großen, hellblauen Augen, etwa acht Monate alt, gierig festgesaugt an einem saftigen Mangokern. Für ihn bestand die ganze Welt in diesem Moment aus Mangogeschmack und Mangogeruch, aus Mangogelb und aus wundervoll glitschigem, süßem Mangosaft. Mango. Nur Mango.

Seit kurzem liebt er Marillen. Und sogar Ribiseln und Stachelbeeren, nichts ist Emmanuel zu sauer: Hauptsache Obst.

Mitten im Juli, es ist etwas kühler geworden.

Ich bin ausgeruht, denn unser Kind hat bis fast halb acht Uhr geschlafen.

Wir freuen uns auf unser Ritual, auf die allmorgendliche gemeinsame Zeit miteinander am Küchentisch. Die Kirschen aus dem Supermarkt sind dunkelrot und süß, sie sind riesig und ihr süßer, dunkelroter Saft färbt die Hände und die Haut rund um den Babymund violett.

Emmanuel streckt sein Händchen aus, zeigt auf die Schüssel, die auf dem Tisch steht, äääh ääh, gib her, Mama, gib her! Vorsichtig schneide ich von einem prallen, gestielten Herz eine Seite herunter, und kitzle den Kern mit einem Messer heraus. *Hier, mein Kleiner. Jetzt kannst du sie haben!*

Bedächtig greift er zu, und langsam, beinahe meditativ, schiebt er die Kirsche in den Mund. *Mmmmmh!*

Mein Kindlein kann so augenscheinlich genießen, und holt auf diese Weise auch mich wieder in den Zustand genau dieser Glückseligkeit. Das, was jetzt ist.

Dieser kostbare und köstliche Moment.

Den jetzigen Augenblick wieder ganz und gar zu erleben, und diese Kunst der Hingabe wieder zu erlernen, das ist das große Geschenk der Kinder an ihre Eltern.

Babykopfgeruch

Nach diesem Frühstück wird Emmanuel quengelig.

Es ist bewölkt, ein kühler Wind bewegt die Zweige der alten Kiefer, die man vom Küchenfenster aus sieht. Es regnet ein bisschen.

Ich bereite ein Fläschchen zu, gehe mit dem Baby auf dem Arm und dem Fläschchen zwischen den Zähnen ins obere Stockwerk. Wenn Emmanuel auf diese Art quengelig ist, dann ist er meistens müde, und probieren kann man es ja.

Im Schlafzimmer liegt Gregor, er schlummert, denn er hat unseren Kleinen in der vergangenen Nacht betreut. Wir kuscheln uns zu ihm, und Emmanuel beginnt an seinem Fläschchen zu saugen. Man hört das rhythmische, zischende Geräusch, das seine Saugbewegungen am Mundstück des Fläschchens erzeugen.

Flaschetrinken ist wie Meditation.

Auch wenn Emmanuel wirklich unzufrieden ist, kann er sich dabei immer sehr gut entspannen. Während er nun die warme Flüssigkeit abwechselnd einsaugt und schluckt, beginnt er am Köpfchen ein wenig zu schwitzen. Darauf habe ich mich schon gefreut! Ich finde meine Lieblingsposition, ich liege auf meiner rechten Seite, und zwar so, dass ich mit den Lippen und mit der Nase sein Köpfchen berühre. Einatmen, und ... dieser Duft ist betörend.

Wie gut, dass ich weiß, dass je länger mein Baby trinkt, desto stärker sich auch dieser Duft ausbreiten wird ... Ich atme nur durch die Nase. Atme tief ein und langsam wieder aus, ich gebe mich voll und ganz dem Schnuppern hin. Das Wasser rinnt mir im Mund zusammen, und ich muss lachen. *Es mundet.* Ich frage mich, ob wohl jede Mutter ihre eigenen Kinder am jeweiligen Babykopfgeruch erkennen würde?

Eine ganze Weile liegen wir so da, alle drei, jeder in seiner Welt, ruhig, und doch ganz miteinander. Ich bleibe ganz nahe an Emmanuels Köpfchen dran und atme weiterhin nur durch die Nase. Ich erzähle Gregor mit ruhiger Stimme, wie sehr ich diesen Babykopfgeruch liebe, und dass ich schon bei Victoria regelrecht süchtig danach war. Dass ich später noch, viele Jahre danach, immer wieder an ihrem Köpfchen geschnuppert habe. Gregor schmiegt sich an mich.
Ein guter Tag hat begonnen, die Wolken erscheinen mir eher bunt als grau an diesem Morgen. Gregors warmer Körper hinter mir und das Baby unter meiner Nase. Glück zum Quadrat.
Als wir aber beginnen, hinter Emmanuels Rücken vorsichtig und möglichst unhörbar ein paar Zärtlichkeiten auszutauschen, und zwar nicht als Papa und Mama sondern als Mann und als Frau, ist es mit dem Frieden abrupt vorbei. Unser Sohn schnellt hoch, und stellt unmissverständlich klar, dass es hier gerade um *ihn* geht, und nicht um uns Erwachsene.
Die beiden Liebenden müssen warten.
Ein Seufzen, denn wir sind das gewöhnt. Derartiges nimmt man in dieser Phase am besten mit Humor.
Also geht der Papa lachend duschen, und die Mama schnappt das Kind und trägt es hinunter ins wirkliche Leben.
Gleich wird ohnehin auch der Opa erwartet.

Opa aus Leidenschaft

Opa hat Himbeeren mitgebracht aus seinem eigenen Garten. In einem kleinen Plastikbehälter hat er sie transportiert, und nun stellt er sie vor Emmanuel auf den Tisch. Der Kleine strahlt, ... Himbeeren!

Er nimmt sich eine Beere nach der anderen, ganz vorsichtig greift er danach. Er schiebt sie in den Mund und schließt dabei die Augen, ein Genießer im siebenten Himmel. Opa lacht und er freut sich, dass er seinem Enkel mit den Beeren einen so offensichtlichen Genuss bereiten kann. Seine Augen leuchten, und er klatscht Beifall.

Gregors Papa wird immer mehr zum Opa aus Leidenschaft.
75-jährig ist er nun zum dritten Mal Großvater geworden.
Seine ersten beiden Enkelkinder sind schon groß, sie befinden sich gerade am Übergang zum Erwachsenwerden. Als sie geboren wurden, hatte der Großvater noch gearbeitet. Er war Jurist und in einer angesehenen Position.
Gregors Papa ist Vater von vier Kindern. Seine Aufgabe innerhalb der Familie hat unser Opa in jüngeren Jahren vor allem darin gesehen, die Familie zu ernähren.
Vater sein war damals für ihn gleichbedeutend mit *Geld verdienen.*
In diesem Sinne hat er seine Sache sehr gut gemacht.

Unser Großvater, Jahrgang 1935, hat selbst nie einen Vater gehabt.
Er erinnert sich immer wieder an seine Kindheitstage als U-Boot-Kommandant.
Vier oder fünf Jahre war er alt, da besaß er schon ein eigenes U-Boot, nämlich eines aus Pappe. Er bestieg es regelmäßig in einer Ecke des Wohnzimmers. Er stieg hinein in diese Schachtel, und musste von dort aus die feindliche Lage rund um die Kartonage unter Kontrolle bringen. Denn es war Krieg.
Sobald er irgendetwas Auffälliges gesichtet hatte, erhob sich der kleine Bub aus einer Luke seines Pappendeckel-U-Bootes, und mit mächtigen Gesten und lauten Geräuschen feuerte er quer durch den Raum.
Pchch! Pchch! Pchch!

Er dachte an seinen Vater. Wo er wohl war?

Der Vater befand sich im Krieg.

Früher war er noch über Weihnachten nach Hause gekommen, aber das war gar nicht schön. Nicht so, wie er es sich vorgestellt hatte. Der kleine Bub und sein Papa, sie waren einander so fremd gewesen. Man bemühte sich, eine Normalität zu inszenieren; es gab steife, kleine Zinnsoldaten mit winzigen Schießgewehren als Geschenke.

Nach diesem Weihnachtsurlaub ist der Vater wieder eingerückt.
Zu Hause wurde nicht viel darüber gesprochen, wo oder was das war, diese *Front*.
Unser Opa sagt, er könne sich an den Abschied von seinem Vater nicht mehr erinnern. Ein schwarzes Loch.
Er hat seinen Vater nie mehr gesehen.

Als Opa nach Emmanuels Geburt zum allerersten Mal auf Besuch kam, hatte er ein Brieflein mitgebracht. Darin befand sich eine Karte, ein kleiner Teddy war vorne abgebildet, es waren Geldscheine im Kuvert und einige selbstverfasste Reime. Liebevoll wünschte Opa seinem kleinen Enkelsohn mit diesen Zeilen das Allerbeste für sein ganzes Leben. Er wolle, schrieb er, gerne für ihn da sein, so gut er das noch könne, aber *leider werden wir uns wahrscheinlich nicht so oft sehen.*
Nun lässt sich erahnen, woher diese Vermutung gekommen ist.
Sie hat sich zum Glück nicht bestätigt.
Opa ist mittlerweile zum regelmäßigen Besucher geworden, mindestens einmal in der Woche setzt er sich ins Auto und kommt angefahren, er bringt Beeren oder sonst etwas Feines für das Mittagessen mit. Diese Zeit im Kreise seiner Familie ist ihm ganz wichtig geworden. Auch wenn die Begegnungen mit uns Jungen manchmal anstrengend sind, – hier fühlt er sich gefordert, geliebt und lebendig.

Es hat eine Weile gedauert, bis Opa sich zugetraut hat, Emmanuel in seinen Arm zu nehmen. Wenn er ihn anfangs angeschaut hat, dann mit fragendem Blick.
Wie kann ich mit dir in Kontakt treten?

Oder als wollte er sagen: *Ich habe keine Ahnung, wie das geht, aber ich weiß, dass ich dir zeigen möchte, wie lieb ich dich habe!*

Als Emmanuel noch ganz klein war, erzählte Opa uns nachdenklich, dass er früher, als Vater, keines seiner vier Kinder jemals gewickelt habe. Ihm war, als er das aussprach, spürbar schwer ums Herz.

Kein einziges Mal, sagte er jetzt, und er war dabei ganz gegenwärtig. Nicht ein einziges Mal hätte er eines seiner vier Kinder mit einem Fläschchen zu Bett gebracht.

Opa schüttelte über das, was er da offenbarte, den Kopf. Er könne sich nicht einmal erinnern, ob er die Kinder, als sie noch klein waren, jemals in seinen Armen gehalten habe. Oder getragen?

Als wir ihn nun einluden, Emmanuel in den Arm zu nehmen, hatte er zunächst noch gezögert. Aber er wusste: Dieses Baby war in diesem Leben seine letzte Chance auf eine derartige Erfahrung!

Eines Tages, als Opa sich gestärkt und ausgeruht fühlte, sagte er zu uns, dass er sich nun gerne hinsetzen würde, und zwar möglichst sicher und bequem. Er hätte sich lange genug und in aller Ruhe innerlich darauf vorbereitet. Nun könnte er sich vorstellen, den kleinen Emmanuel sicher und liebevoll zu halten.

Natürlich klappte es, und ich war richtig stolz auf meinen Schwiegervater. Er war durch eine unsichtbare Wand gestiegen. Er hatte Neuland betreten.

Ich weiß noch, die Gänsehaut. Und wie sehr ich mich damals mit unserem Opa gefreut habe.

Noch immer bewölkt an diesem angenehm langsamen Sommertag.

Da sitzen Opa und Emmanuel, und die Himbeeren befinden sich vor ihnen auf dem Küchentisch. Für den Großvater, der gerade in aller Ruhe Himbeeren an sein Enkelsöhnchen verfüttert, scheint heute eindeutig die Sonne.

Das Mahl ist beendet, Emmanuel ist von seinem Kinderstuhl auf den Boden geklettert. Opa setzt sich zu ihm, vorsichtig, denn er muss sein

Knie schonen. Er erfindet ein gemeinsames Spiel mit dem Kreisel. Der Kreisel singt sein mehrstimmiges Lied, und Emmanuel quietscht vor Vergnügen.

Plötzlich ergreift er eine kleine rollende Kuh, die man aufziehen kann, und streckt sie dem Opa auffordernd entgegen. Opa tut, wie ihm geheißen wird, er zieht die Kuh mit sanftem Druck am Boden nach hinten, und ab sofort könnte sie losschnurren. Der Großvater aber hält die Minikuh noch für einen gedehnten Moment fest, er hält sie still, ohne Bewegung. Beide warten gespannt.

Beide wissen, was als Nächstes geschehen wird …

Die Kuh schnellt los, sie rollt vibrierend quer durch das Wohnzimmer, vorbei am großen Kachelofen und bis unter das Klavier. *Babboooo!!!* … heißt Bravo, und Emmanuel hoppelt auf allen Vieren der Kuh hinterher. Der Opa klatscht, er lacht, er kichert.

Uns allen geht das Herz auf, wenn wir erleben, wie der Großvater sich vollkommen auf den Jüngsten in der Familie einlassen kann. Wie er für das gemeinsame Spiel nicht nur die Sitzhöhe, sondern wirklich die Ebene wechselt.

Er verliert dabei nicht die Geduld und will den Enkelsohn auch nicht belehren. Im Gegenteil. Der Großvater lässt sich ganz von der Lebendigkeit des Kleinkindes anstecken, und daraus entwickelt sich das allerschönste Spiel.

Irgendwann erinnert sich Emmanuel, dass er ja eigentlich richtig müde ist, und er kann jetzt nicht anders, er quengelt. Der Opa bietet an, dass er mit ihm spazierengehen würde, dann könnte Emmanuel einschlafen in seinem Wagen. Wickeln, anziehen, Mama und Papa mischen kurz mit, und bald sitzt der Knirps in seinem Kinderwagen, er schließt schon selbst den Bügel.

Äääääh, Äääääh! Er zeigt auf die Tür, er will schnell hinaus. Bitte, raus!

Der Großvater schiebt also den Kinderwagen aus der Türe, er navigiert ihn zwischen den beiden parkenden Autos hindurch. Von vis-à-vis ertönt ein lautes *Sgoot!* (heißt Grüß Gott) und dazu ein *Gundaag!* (Guten Tag!). Es sind die beiden Nachbarn, die sich gerade zu einer vormittäglichen Kaffeepause treffen. Zwei ältere Männer, die beruflich wahrscheinlich schwere körperliche Arbeit verrichtet haben, Männer vom alten Schlag, vielleicht ein paar Jahre jünger als unser Opa.

Er verlässt mit Emmanuel im Wagen das Haus, und die Männer begrüßen einander.

Es ist für die anderen Männer unübersehbar, dass man *ihm* ganz alleine dieses Kind anvertraut hat. Und dass er sich genau dafür Zeit nimmt. Er hätte mit den anderen Männern seiner Generation *in Ruhe* Kaffee trinken können. Aber stattdessen betreut er liebevoll sein jüngstes Enkelkind.

Für unseren Opa bedeutet dieser Moment ein Gefühl des Triumphes. Der Sieg, den er so spät noch errungen hat, ist kein Sieg über einen Feind oder gegen einen sportlichen Konkurrenten. Umso mehr triumphiert er über den eigenen Schatten: Er ist dabei, seine *eigenen* bisherigen Grenzen auszuweiten.

Er tritt also auf die Männer zu, ein paar Worte werden gewechselt, dann schwenkt der Großvater gekonnt den Kinderwagen. Er verabschiedet sich freundlich und wünscht der Herrenrunde noch einen schönen Tag.

In aller Ruhe widmet er sich nun seinem großväterlichen Tun.

Mama-Phase? Vorsicht, Falle!

Bei Weitem nicht alles, was man mit einem Baby oder mit einem Kleinkind tun muss, ist anstrengend. Aber dass man dabei fast immer *deren* Gedanken oder Gefühle lesen muss, dass man stets *ihren* Launen folgt, egal ob man gerade eines der Kinder tröstet oder ob man fangen spielt, kocht oder Spielsachen wegräumt, ob man die Süßen gerade wickelt oder ein Kinderbuch vorliest. Und auch wenn man einfach nur dabeisitzt und aufpasst, dass nichts passiert …

Dass man dabei fast nie in Ruhe die *eigenen* Gedanken zu Ende denken kann, finde ich unglaublich anstrengend. Es macht mich mitunter unendlich müde. Und nur, wer das selbst erlebt hat, kann das verstehen.

Dass ich in diesem Sommer trotz finanzieller Enge insgesamt so gut gelaunt bin, das hat sehr viel damit zu tun, dass Gregor momentan besonders viel Zeit mit Emmanuel verbringt. Mir bleibt dadurch, zum ersten Mal seit unser Kleiner da ist, wieder Zeit, um frei zu *denken*. Was für ein Luxus!!

In mein Tagebuch habe ich im vorigen Jahr immer wieder diese zwei Wörter geschrieben: *Enge* und *Hamsterrad*.

Mein momentanes Wohlgefühl und meine Lebensfreude hat also ganz viel damit zu tun, dass Gregor in diesen Sommerwochen viel Zeit hat. Er unterrichtet in den Sommerferien nicht und hat auch nur ein paar vereinzelte Proben- und Konzerttermine. Er widmet seine Zeit der Familie. Er hält mir den Rücken frei, lässt mich in Ruhe schreiben. Ich atme auf.

Vor diesem Sommer und vor diesem Aufatmen hatte sich immer mehr in den Vordergrund gedrängt, wie sehr unser kleiner Emmanuel *seine Mama braucht.*

Wenn sein Papa ihn zum Beispiel wickeln wollte, gab es Tränen, dasselbe geschah, wenn Gregor das Kind am Abend aus meinen müden Armen heben wollte, um es mit sanfter Musik in den Schlaf zu wiegen. Emmanuel protestierte. Er weinte laut auf. Und er beherrschte das schon damals sehr theatralisch.

Er schrie, und wir hörten: *Ich will bei meiner Mama bleiben!!*

Emmanuel wollte: Kontinuität. Nachdem der Kleine damals tagsüber die meiste Zeit mit mir verbracht hatte, wollte er auch abends keine Unregelmäßigkeiten.

Er wollte am liebsten ganz ohne Unterbrechungen das, was er am allerbesten kannte: Kuscheln mit Mami.

Aber ich wollte das nicht.

Gregor war ein bisschen ratlos, er wollte sein Kind ja nicht kränken.

Er wollte *das Beste* für den Kleinen. Konnte *er* ihm das überhaupt geben …?

Gregor war damals durch das laute Weinen verunsichert. *Ich glaube, er will wieder zur Mama?*

Und so ist Emmanuel meistens sehr bald wieder in meinen Armen gelandet. Ein lächelndes Baby. Der Friede war wiederhergestellt.

Man könnte sich hier leicht geschmeichelt fühlen, *soooo lieb hat er mich!*
Ich aber habe geahnt, dass hier ein Missverständnis vorliegt!
Und diese Ahnung hat sich bestätigt.
Als der Sommer gekommen war und die Ferien begonnen hatten, war Gregor auch tagsüber viel zu Hause. Ich begann, die Zeit für anderes zu nützen, und bin oft für mehrere Stunden nach Wien gefahren, und oft erst am Abend wiedergekommen.
Nach etwa zwei bis drei Wochen hatte sich alles umgedreht.

Ich kam, ich streckte unserem Kind freudig meine Hände entgegen, es sagte auf seine Art ebenfalls freundlich *Hallo* und wandte sich gleich darauf wieder seinem Papa zu. Emmanuel wollte auf *seinem* Arm bleiben. Er hatte einen wunderbaren Tag mit ihm gehabt, und warum sollte das jetzt plötzlich vorbei sein?

Ich wär' total beleidigt, hat eine Freundin zu mir gesagt, als ich ihr davon erzählte.
Naa, ... wenn ich plötzlich nicht mehr die Wichtigste für mein Kind wäre!

Ich nicht.
Im Gegenteil!
Ich habe mich immer geärgert, wenn Leute so tun, als ob jeweils nur die Mütter das Allerbeste für ihre Kinder tun könnten. Liebe Frauen, das ist eine Falle!
Lasst euch das nicht einreden!
Probiert es einfach umgekehrt aus, wenn euch zu Hause schon die Decke auf den Kopf fällt. Wenigstens für ein paar Wochen: Macht euch zu Hause verzichtbar!

Der Erfolg könnte eine ganz neue Freiheit sein, die sich nach und nach in den eigenen Vorstellungen ausbreitet. Auch in den Vorstellungen über sich selbst.

Diese Freiheit ist bei mir mittlerweile in die eigene Identität als Frau und als Mutter hineingewachsen.

Als Alleinerzieherin war ich immer für alles ganz alleine verantwortlich. Aber jetzt?

Papa und Mama. Mama und Papa. Beide auf jeweils ihre Weise, beide gleich gut.

Ich muss nur mehr die halbe Familienarbeit schaffen. Wie gut ist das!

Dass ich bei unseren Kindern daher auch nicht mehr die alleinige, nicht mehr die einzige und wichtigste über alles geliebte Bezugsperson bin, das will ich dafür gerne hinnehmen.

Im Paradies meiner Mutter

Habe gerade mit einer Freundin telefoniert, und ihr glückselig von den vielen schönen Beeren am Waldrand erzählt, die ich gefunden hatte, während Emmanuel in seinem Kinderwagen schlief.

Die Antwort der Freundin war, dass sie ganz genau wüsste, dass es im Wienerwald keinerlei *Bären* mehr gäbe.

Und als das geklärt war: Ob ich meine Familie vergiften möchte?!

Sie hat sich entrüstet, und sie hat mich ermahnt. Ob ich nicht wisse, der *Fuchsbandwurm!* Meine Freundin, die eine fürsorgliche Mutter ist, erklärt, sie würde ihren eigenen Kindern ausschließlich die *sicheren* Beeren zu essen geben. Also die aus dem Supermarkt. Die auf Watte gewachsenen.

Ich sollte mir das wirklich noch einmal durch den Kopf gehen lassen!

Ich gestehe: Bei mir beginnt die Sammlerei alle Jahre gleich nach dem letzten Schnee, nämlich mit Bärlauch. Den kenne ich seit meiner Kindheit als *Knofelspinat.* Wir haben ihn immer schon gepflückt und gegessen, sein Geschmack und sein Geruch sind in mir als Kindheitserinnerungen unverwechselbar gespeichert.

Bin ich im Wald oder am Waldrand beim Sammeln, dann bin ich direkt verbunden mit dem Wissen und mit der Energie meiner Mutter und auch mit meinen Großeltern mütterlicherseits.

Brennnesseln, Sauerampfer und Hopfenspitzerln. Ich pflücke, so oft ich kann, und koche tiefgrüne Suppen daraus.

Giersch, der hier überall wächst, Knoblauchrauke und den kleinblättrigen Gundermann. Das alles wird gepflückt, dann gewaschen und gedämpft, und zu spinatähnlichen Gerichten verkocht: als Suppe oder cremig oder besonders gerne als Strudel.

Ich liebe diese Gerichte. Und die Tatsache, dass ich zur Nahrungsbeschaffung in solchen Fällen nicht einfach nur einkaufen gehe, sondern zum Sammeln in den Wald, lässt mein Herz höher schlagen. Für mich ist das der allerbeste und wichtigste Grund für unser derzeitiges Wohnen im Grünen.

Mein Grundgefühl ist: Wir leben hier *direkt an der Quelle.*

Walderdbeeren, Himbeeren, Brombeeren. Johanniskraut, Löwenzahn und Spitzwegerich.

Während ich pflücke, höre ich den Kuckuck rufen, und auf wunderbare Art werde ich selbst ein Teil von der Wiese, die sich hinter mir erstreckt. Alles atmet, alles duftet und summt, und ich summe mit.

Diesen Bezug zur Natur und das Wissen über die Pflanzen schätze ich als einen großen Schatz, den ich nach und nach von meiner Mutter übernehmen durfte.

Aber natürlich gibt es auch weniger nährende Informationen, die ich ebenso übernommen habe. Wir erben zunächst immer das Ganze.

Was wir davon behalten wollen, und wovon wir uns in aller Liebe emanzipieren, das bestimmen wir zu einem späteren Zeitpunkt.

Apfelkuchen

Habe gerade mit meiner Mutter telefoniert, und das Ergebnis unseres Gesprächsversuchs fühlt sich nicht gut an.

Wir haben uns schon ein paar Monate lang nicht gesehen, und ich weiß gar nicht mehr, wann wir zuletzt länger miteinander telefoniert hätten oder eingehender miteinander geredet haben. Es ist jedenfalls schon eine Weile her.

Übermorgen kommt Victoria von einem vierwöchigen Ferienlager zurück und am darauffolgenden Tag wollte meine Mutter zu uns auf Besuch kommen.

Ja, Mama, gerne! Du kannst gerne kommen! Gregor wird ohnehin am Samstag zu Mittag in Wien sein, er kann dich dann sogar mit dem Auto abholen.

Dieser Teil der Kontaktaufnahme, vor ein paar Tagen, verlief ganz problemlos. Aber jetzt gerade kam mir die Idee, meine Mutter könnte am Samstag anlässlich Victorias Heimkehr vielleicht ihren Lieblingsapfelkuchen mitbringen. Meine Tochter liebt diesen Kuchen, *niemand kann diesen Apfelkuchen so gut wie die Oma,* sagt sie, und wünscht sich Omas Apfelkuchen zum Beispiel auch, wenn sie Geburtstag hat.

Hast du Lust, Mama?

Ich habe meiner Mutter diese Idee am Telefon unterbreitet und höre, wie sie als Antwort ihre Abneigung ins Telefon bläst. *Pfff . . .* und *auch das noch!*

Dann erzählt sie mir, sie hätte derzeit *so einen Stress* (sie wird demnächst für eine Woche zum Wandern nach Skandinavien reisen), sie müsse noch *so viel einkaufen* (es geht um eine regendichte Jacke), . . . und mir wird rasch ziemlich komisch zumute.

Ich kenne diese Musik, und ich kenne deren Tonart. Auch den Inhalt der begonnenen Rede kenne ich nur allzu gut.

Das Stück heißt *Lamento.*

Ich mag es nicht hören,

denn ich habe eine Allergie dagegen entwickelt.

Als ich ein Kind war, eine Schülerin, eine Studentin und danach eine junge Frau, die bereits im Berufsleben stand, hat mich meine Mutter stets und zu allem *ermutigt.*

Keine Idee, die ich realisieren wollte, war ihr jemals zu abwegig.

Ihre grundlegende Botschaft an mich war über all diese Jahre so etwas wie *Ihr Jungen macht es ja heute ganz anders als wir.*

Oder: *Ihr Jungen seid ja heutzutage schon viel gescheiter.*

Ohne genauer nachzufragen, was sie mir eigentlich damit sagen wollte, habe ich diese Botschaften immer als Zustimmung zu meiner Lebensweise verstanden. Ich habe meine Mutter so interpretiert, dass sie mich und mein Leben insgesamt wohlwollend zur Kenntnis nahm.

Als ich dann aber selbst ein Kind zur Welt gebracht hatte,
als ich Mutter geworden bin,
hat es diese ermutigenden Sätze plötzlich nicht mehr gegeben.

Es musste irgendeinen Grund dafür gegeben haben, dass ich diese Zustimmung verloren hatte, aber ich verstand nicht, warum.
Ich vermisse diese Botschaften, und ebenso vermisse ich seither die aufmerksame Begleitung und die Ermutigung von mütterlicher Seite.
Ich vermute, dass meine Mama sich nie ganz erholt hat von den Kränkungen und Enttäuschungen, die sie als junge Mutter erlebt hat.
Sie haben ihr Leben geprägt.

Ob man etwas als Lust oder als Last erlebt, das hängt vor allem von der jeweiligen Dosis ab. Es gibt wohl kaum etwas, das nicht sowohl Elixier wie auch Gift für einen Menschen sein könnte.
Ich bin mir sicher, auch die allerbeste Mutter wird eine tiefe Abneigung gegen die ihr zugeteilte Rolle entwickeln, wenn man ihr über Jahre hinweg einseitig eine Überdosis an unbezahlter Familienarbeit zumutet.
Bei meiner Mama hat sich jedenfalls über die Jahre immer mehr Groll angesammelt.
Sie war eine vorbildliche Mutter, aber warum hatte sie dafür so viele andere Talente brachliegen lassen müssen?
Das Leben meiner Mutter war meinem Gefühl nach sehr oft von Hadern überschattet. Gelebtes und Ungelebtes standen einander im Weg.

Du sollst es besser haben!

Meine Mama, Jahrgang 1941, wurde liebevoll behütet von ihren Eltern, aber diese Eltern kämpften gleichzeitig mit existenzieller Not und mit den Schrecken des Krieges und der Zeit des Nationalsozialismus. Frieda wuchs als Einzelkind auf, ihre Schulzeit fiel in die Nachkriegsjahre, das zerbombte Wien war aufgeteilt in die verschiedenen Zonen der Besatzungsmächte. Uniformierte und teilweise schwerbewaffnete Männer im öffentlichen Raum, so zeigte sich damals die sogenannte Normalität.

Im Elternhaus meiner Mutter hielt sich der feste Glaube, dass sich die Zeiten aber bald ändern würden. Diese Hoffnung bestimmte über lange Jahre das Lebensgefühl meiner Großeltern.

Und dazu der Wunsch für das eigene Kind: *Du sollst es einmal besser haben als wir!*

Meine Großeltern lebten in einfachen Verhältnissen und ich habe sie als sehr zufriedene Menschen in Erinnerung. Nie wurde geklagt. Nach ihren Worten würde es immer nur *vorwärts* oder *aufwärts* gehen. Ein unerschütterlicher Glaube an das Gute, das ist trotz aller Entbehrungen das Bild von meinen Großeltern, das ich in mir trage.

Ihre Tochter Frieda sollte so lange, wie sie das wollte, in die Schule gehen. Sie sollte alles lernen dürfen, was sie interessierte.

Um 1960, nach ihrer Matura, genoss sie ein neu aufkommendes Selbstverständnis. Immer mehr junge Menschen kamen an die Unis, um zu studieren. Und es waren erstmals nicht mehr nur die jungen Männer. Auch immer mehr junge Frauen fanden ihren Weg an die verschiedensten Institute.

Darüber hinaus gab es damals einen richtungsweisenden gesellschaftlichen Konsens: Eine akademische Laufbahn sollte nicht mehr nur den Kindern reicher Eltern vorbehalten sein. Die Möglichkeit eines akademischen Studiums sollte für *alle* jungen Menschen, die dafür geeignet wären, offen stehen.

In diesen Jahren kamen die Studierenden also erstmals aus den verschiedensten gesellschaftlichen Schichten. Die Universität war ein frei zugänglicher Ort geworden, durchlässig für einen gesellschaftlichen Aufstieg.

Um Frieda herum war alles im Aufbruch und in ihr selbst schien alles aufzublühen.

Sie studierte Biologie, ihr politisches Bewusstsein wuchs und das studentische Umfeld bot ihr eine Vielzahl von Möglichkeiten, um sinnvoll aktiv zu werden.

Die sechziger Jahre, ein frischer Wind strich sichtbar durch die langen Haare der jungen Männer und der jungen Frauen: Neben ihrem Studium wollten sie die Welt neu erfinden und die Gesellschaft neu definieren; die bisher gültigen Normen wurden hinterfragt, und vieles wurde als verstaubt und überholt entlarvt. Neue Ideen für eine neue Zeit wurden geboren, Frauen und Männer träumten gemeinsam von neuen Formen des Zusammenlebens und von Gleichberechtigung.

Ich glaube, meine Mutter würde bis heute diese Zeit an der Universität, dieses Lernen-Können gepaart mit dem Grundgefühl einer gesellschaftlichen Aufbruchsstimmung, als die beste, aufregendste und freudvollste Zeit ihres Lebens bezeichnen.

Die männlichen Studienkollegen meiner Mutter haben wir später oft im Fernsehen gesehen. Ein berühmter Meeresökologe der eine, ein angesehener Bienenforscher der andere. Ein dritter hat sich mit einem Regenwaldschutzprogramm einen Namen gemacht, und später in Wien die Leitung eines großen Museums übernommen. Im Radio war diese Woche ein Geologe zu hören, nicht mehr ganz jung, auch den kannte meine Mutter von früher, *aaah, das ist ja der XY!* Auch aus ihm ist ein respektabler Fachmann geworden.

Die männlichen Biologiestudenten von einst haben meine Schwester und ich also als Kinder über das Fernsehen kennengelernt. Es war in all den Jahren keine einzige Frau unter den Fernseh- und Radiobiologen dieser Generation.

Als meine Mutter während des Studiums begonnen hatte, sich ihr späteres Leben vorzustellen, malte sie verwegene Bilder.

Von Forschungsreisen, von Expeditionen, von Höhlenbegehungen und spannenden Entdeckungen. Diese Vorstellungen waren bunt und aufregend.

Diese Entwürfe von ihrer eigenen Zukunft waren so lange aktuell, bis die Studentin als junge Frau in einer festen Beziehung landete: Bald darauf wurde sie schwanger.

Damit war sie jäh in einer ganz anderen Realität angekommen. Eine Rollenzuschreibung hatte begonnen: Sie war von nun an *Mutter*.

Sie bekam zwei liebreizende Kinder, zwei kleine Mädchen, eines süßer als das andere.

Bekannte waren beim Anblick der beiden wohlerzogenen Mädchen mit den bunten, selbst gestrickten Jacken hocherfreut, und machten der Mutter mit dem ebenfalls so mädchenhaften Aussehen Komplimente. Es waren Komplimente an die schöne und kultivierte junge Frau *und* Komplimente an die Mutter, die hier anscheinend ganze und liebevolle Arbeit leistete.

Dennoch hatte unsere Mutter ein schlechtes Gewissen.
Weil sie nicht restlos zufrieden war.
Weil ihr Herz sich oftmals nach dem *anderen* Leben sehnte.
Weil zwar einerseits alles, wenn man es von außen betrachtete, gut gegangen war: Sie hatten geheiratet, als das erste Kind unterwegs war, und dem werdenden Papa, der damals noch studiert hatte, wurde im richtigen Moment ein interessanter und einträglicher Job angeboten. Das Familieneinkommen war von da an gesichert, und sie fanden schon bald eine kleine und leistbare Wohnung.
Aber trotzdem, neben all diesen günstigen Entwicklungen, nahm meine Mutter noch etwas anderes wahr.
Immer wieder hatte sie dieses Gefühl, dass sie irgendwie *in eine Falle* geraten war, aus der sie nun nicht mehr so leicht herauskommen würde. Dieses Gefühl verzehrte einen Teil ihrer Lebensfreude.
Dieses Gefühl war ein Energieräuber.

Meine Mutter hatte ein schlechtes Gewissen, weil sie sich wieder einmal nicht so fühlte, wie sie sich ihrer Ansicht nach hätte fühlen *sollen*. Denn was konnten ihre beiden Mädchen dafür?

Immer wieder dachte sie sich: *Ich bin eine ganz schlechte Mutter.*

Trotz all der Widersprüche, die sie ein halbes Leben lang in sich gespürt hat, ist meine Mutter immer bei uns Kindern geblieben.

Meine Schwester und mich hat sie mit Liebe, mit viel Energie und mit der ihr eigenen Fantasie begleitet und umsorgt. Und hat dabei stets versucht, uns nicht spüren zu lassen, wie schwer ihr das manchmal gefallen ist.

Sie war nicht nur für uns *da,* also anwesend und ansprechbar, sie hat uns nicht nur bekocht und bei Bedarf auch gepflegt. Sie hat darüber hinaus mit uns viel gebastelt, hat mit uns die schönsten Ostereier gefärbt, hat mich zur Musikschule begleitet und meine Schwester in die Geigenstunde gebracht.

Meine Mama war zwar *unzufrieden* mit ihrer Rolle, und mit den Jahren wurde sie wohl immer unglücklicher. Aber dennoch agierte sie in dieser Rolle über lange Zeit wirklich famos.

Kinder aber kennen ihre Bezugspersonen gut.

In meiner kindlichen Wahrnehmung war die Wut meiner Mutter ein bestimmendes Thema. Niemals gab sie diese Wut zu erkennen, es war eine nach außen hin unsichtbare Wut, die meine Mama damals nie zur Sprache gebracht hätte. Diese Wut war ein Geheimnis, und wahrscheinlich war sie gerade deshalb für mich so interessant. Denn genau über dieses Geheimnis habe ich mich schon früh mit meiner Mutter verbündet.

Es war die Wut über den Verlust ihres früheren Lebensentwurfs. Über den Verlust von Pioniergeist und von einem Leben voller wissenschaftlicher Abenteuer. Über den Verlust von salziger Meeresluft und windigen Berggipfeln. Es war ihre Wut über den Verlust ihrer Freiheit.

Erst als die Ehe meiner Eltern nach eineinhalb Jahrzehnten dabei war, in die Brüche zu gehen, hat meine Mutter ihre Freiheitswünsche und ihre Abenteuerlust auch zum Ausdruck gebracht. Eine Zeit lang hat sie Unheil verheißend angekündigt, dass sie möglicherweise eines Tages ganz alleine nach Nepal gehen wolle, und zwar am besten zu Fuß. Und dass sie nicht sagen könne, ob sie von dort jemals zurückkommen würde.

Ihre Worte haben mir damals eine tiefe Angst eingejagt. Ich kann sie sogar jetzt, 30 Jahre danach, wenn ich mich daran erinnere, noch spüren. Gleichzeitig war da aber auch so etwas wie das allergrößte Einverständnis. Eine Allianz mit meiner Mutter, ein Mitgefühl. Eine traurige Gewissheit, dass meine Mama genau diese Freiheit verdient hätte. *Ja, Mama, geh nur! Brich auf! Und befreie dich!* Wie gerne hätte ich so etwas zu ihr gesagt, um sie zusätzlich anzuspornen.

Aber noch stärker war dann doch die beklemmende Angst, eine bedrohliche Ahnung, denn: Was sollten wir ohne sie tun?

Was würde aus uns werden, aus meiner Schwester und aus mir, ohne unsere Mama?

Zweite Schwangerschaft. Doppelte Freude?

Was wir gerne für selbstverständlich halten würden, hat in der Wirklichkeit oft keinen ausreichenden Platz.

Die Biologiestudentin Frieda war sich einst, als sie ihr *erstes* Kind erwartet hatte, ganz sicher, dass sie auch mit diesem Kind ihr Studium fortsetzen würde.

Als dieses erste Baby zur Welt und in ihre mütterliche Obhut gekommen war, als sie es liebte und stillte und pflegte, da gab ihr diese Vorstellung vom baldigen Studienfortgang Kraft. Frieda ging nach wie vor davon aus, dass sie mit einer gewissen Verzögerung ihr Studium wieder aufnehmen würde, und dass sie es abschließen würde. Sie dachte, sie würde ihre nächsten Prüfungstermine nun notgedrungen ein wenig nach hinten verschieben müssen. Ihren bisherigen Lebensplan und ihre Vorstellung von sich selbst als angehende Forscherin hatte sie bis dahin nicht in Frage gestellt. Diese Identität war lebendig, und Friedas Lebensfreude war ungebrochen.

Irgendwann hat meine Mutter mir gegenüber ausgesprochen, wie sie sich gefühlt hatte, als ihr nur wenige Monate nach der Geburt ihres ersten Kindes dämmerte, dass sie bereits *ein zweites Mal schwanger* geworden war.

In genau diesem Moment, sagte sie, hätte sie ihre Vorstellung vom Weiterkommen, vom Weiterstudieren und von ihrem Studienabschluss begraben.

Sie sah sich in einer Sackgasse, ausweglos.

Zwei Kinder, ein Kleinkind *und* ein Baby, und immer alleine mit der nie enden wollenden Arbeit?

Ohne mir dabei in die Augen zu schauen, sagte meine Mama, sie hätte damals nur ein Gefühl und einen einzigen Gedanken gehabt: *Das ist mein Todesurteil!*

Dieser Satz hat mich über viele Jahre beschäftigt.

Denn dieses zweite Kind bin ich.

In all den Jahren seit ich diesen Satz zum ersten Mal gehört habe, ist es mir nicht gelungen, innerlich ruhig zu bleiben, wenn dieses *Todesurteil* gerade wieder einmal von ganz hinten bei mir angeklopft hat.

Es schleicht sich an und versetzt mich in unangenehme Nervosität.

Die Pulsfrequenz steigt, die Hände werden feuchter und wärmer. Ich beginne ohne bewusste Absicht, tiefer zu atmen.

Ich wollte mich eigentlich gar nicht an diesen Satz und an dieses Thema erinnern. Ich wollte mich lieber möglichst bald wieder beruhigen. Aber das Verdrängen wurde mit der Zeit immer schwieriger.

Ich habe mich also *eingefühlt,* oder ich habe es zumindest immer wieder versucht. Ich wollte Empathie für die Lebenssituation meiner Mutter entwickeln. Wollte mir vorstellen, wie sich das damals bei ihr angefühlt haben könnte: das Eingesperrtsein. Die Enge. Die gefühlte Sackgasse.

Meine *eigenen* Gefühle zu diesem Ausspruch habe ich die längste Zeit über ignoriert. Hinfühlen zur eigenen Situation von damals? Zu *mir* als ungeborenem Baby im Bauch meiner Mutter? Ein schwieriges Unterfangen.

In einem bewusst aufgesuchten Moment der Stille bin ich vor Kurzem dem ungeborenen Kind, das ich selbst einmal war, ganz nahe gekommen.

So also war das bei mir, ganz am Anfang!

Ich spürte, diesem kleinen Baby war kalt. Aber sein Durchhaltevermögen hat mich beeindruckt. Sein Hoffen, irgendwann liebevoll abgenommen zu werden, und seine daraus erwachsene Stärke waren erstaunlich.

In dieses zarte, ganz kleine Baby und in seine Schutzbedürftigkeit will ich mich von nun an öfter einfühlen. In seinen Wunsch, willkommen geheißen zu werden. Ich will es wärmen, ich will es halten.

Ich will diesem Kind in mir nachträglich ein wohliges Maß an Geborgenheit geben.

Erstes Kind. Zweites Kind.

Was bedeutet für eine Mutter die Ankunft eines zweiten Kindes? Was alles kann diese Nachricht in ihr auslösen? Ein gerade entstandenes Familiensystem wird schon wieder gehörig durcheinander gewirbelt, und das bedeutet ziemlich sicher auch eine Verunsicherung. Und eine neuerliche Herausforderung für ihre mütterliche Identität.

Vor Jahren hat mir einmal eine Freundin anvertraut, wie traurig sie gewesen ist, als sie begriffen hatte, dass sie sich mit der erwarteten Ankunft ihres zweiten Kindes auch von der ungestörten innigen Beziehung zu ihrem bis dahin einzigen Kind verabschieden musste.

Als Benita, ihr Mann und ihre damals knapp dreijährige Tochter erfahren hatten, dass ein zweites Baby in Mamas Bauch heranwuchs, da war für alle irgendwie klar, dass sich damit für die junge Familie vieles verändern würde.

Aber die volle Emotion, und eben auch ein tiefes Gefühl von Verlust und von Trauer, das auch dazu gehörte, hatten Benita und ihre Tochter Lena erst ganz kurz vor der Geburt der kleineren Schwester erlebt.

Benita hat mir erzählt, dass sie mit Lena gemeinsam einen halben Tag kuschelnd im Bett verbracht hat, und dass ihnen beiden während dieser Zeit und in ihrer ungestörten Zweisamkeit immer wieder die Tränen gekommen waren.

Sie zelebrierten an diesem Tag noch einmal ganz intensiv ihre alleinige, ungetrübte Mutter-Tochter-Beziehung, und nahmen gleichzeitig von diesem Paradies ihren Abschied.

Ich hatte zu diesem Zeitpunkt noch keine Kinder. Ich war aber schon damals fasziniert von der Ehrlichkeit und Unmittelbarkeit, mit der Benita über die liebevolle und enge Beziehung zu ihrer bis dahin einzigen Tochter sprach. Und ich war beeindruckt davon, wie gut sie die oft verdrängten und *unerwünschten* Gefühle wie Zorn, Trauer oder Wut bei sich und auch bei ihrer Tochter zulassen konnte.

Ich frage mich immer wieder: Was alles bedeutet dieser Übergang von einem Kind zu zwei Kindern?

Mich wundert, dass wir Frauen relativ wenig über dieses Thema sprechen.

Ich glaube aber, dass viele Frauen mit diesem neuerlichen Wandel in der weiblichen und in der mütterlichen Identität zu kämpfen haben.

Der Ausspruch einer Freundin ist mir noch allzu gut in Erinnerung. Wir kannten uns von früher, aus unserer Studienzeit. Aus einer Zeit also, in der wir noch keine Kinder gehabt hatten und auch noch nicht daran dachten.

Ein Jahrzehnt später, und diese Freundin kam zu Besuch.

Franka war in der Zwischenzeit zweifache Mutter geworden, sie hatte einen Buben und ein Mädchen, die beide schon in die Volksschule gingen. Franka war an diesem Tag ziemlich verzagt. Sie klagte, dass ihre beiden Kinder so häufig und vor allem so heftig miteinander stritten. Sie erzählte von Kratzwunden und von ausgerissenen Haarbüscheln. Franka sagte damals über sich und über ihre Lebenssituation: „Karin, jetzt sag ich dir was: Ein Kind, das ist lächerlich. Aber zwei Kinder, das ist die Hölle!"

Ich hatte keine Ahnung, wie ich sie hätte trösten können.

Und war gleichzeitig recht froh, dass ich mich damals, als Alleinerzieherin, auf nur *ein* Kind konzentrieren konnte. Und dass es bei uns zu Hause, in einfacher Mama-Tochter-Allianz, eigentlich immer recht friedlich zuging.

Das Treffen mit meiner Freundin Franka liegt schon eine ganze Weile zurück.

Es mögen seither etwa zehn Jahre vergangen sein?

Ab einem bestimmten Alter hört man sich selbst immer wieder sagen, wie *wahnsinnig schnell* doch die Zeit vergeht.

Natürlich wissen wir, dass die Zeit *nie* vergeht. Denn die Zeit *ist,* sie ist ewig.

Wir wissen genauso gut, dass uns die Zeit niemals antreibt oder gar hetzen würde.

Dass wir aber die volle Verantwortung für unser eigenes *Zeitgefühl* tragen.

Wir sagen, dass die Zeit vergeht, und meinen damit unsere eigene Lebenszeit.

Und wenn uns diese eigene Lebenszeit mitunter zu schnell vergeht, dann spricht in uns gerade unsere eigene Befürchtung, dass wir neben all unseren Aktivitäten möglicherweise *das Wesentliche* versäumen könnten.

Als diese Ahnung mich immer öfter befiel, und als sie mir immer öfter so etwas wie *Innehalten* in mein inneres Ohr flüsterte, konnte ich irgendwann nicht mehr vorbeihören.

Du bestimmst selbst deinen Kurs und dein Tempo!

Aber wohin sollte ich umlenken?

Es war, als hätte mir die Zeit selbst ein paar Fragen gestellt.

Sie fragte mich, was ich auf meiner Lebensreise unbedingt noch er-

leben wollen würde. Was *mir* in diesem Leben *das Wichtigste* wäre. Ob es etwas gäbe, dass ich unbedingt noch verwirklichen wollte.
Ich habe immer wieder über diese Fragen nachgedacht.
Und als sich meine Antworten schön langsam herauskristallisierten, da waren sie viel weniger hochtrabend, als man möglicherweise vermuten könnte.
Eine Familie haben. Eine richtige Familie. Das war es, was ich haben und was ich erleben wollte. Ich wollte Geborgenheit erfahren und Geborgenheit weitergeben.

Ich bin diesem Herzenswunsch gefolgt.
Und so bin ich noch ein weiteres Mal Mutter geworden.
Und ja, mit meinem zweiten Kind veränderte sich noch einmal alles.

Das Baby ist schuld!

Die verschiedenen Gefühle, die eine Mutter erlebt, wenn ihre Kinder miteinander streiten oder wenn sie gerade konkurrieren, sind alles andere als angenehm.
Zerrissenheit.
Wenn zwei oder mehrere Sprösslinge gleichzeitig um mütterliche Zuwendung ringen, kommt die umkämpfte Mutter möglicherweise in einen Zwiespalt; manchmal wird daraus echte Bedrängnis.
Diese Bedrängnis schleicht sich ganz langsam an.

Meine Tochter ist nun schon zwölf Jahre alt. Sie ist eloquent, und sie beeindruckt mich mit ihrer Selbstständigkeit. Ein Mädchen, das sich immer wieder neue Herausforderungen sucht. Sie will neue Menschen kennenlernen und neue Umgebungen.
Ein vierwöchiges Ferienlager am Wolfgangsee? *Da* wollte sie hin!

Vier ganze Wochen lang ist meine große kleine Tochter also heuer zum ersten Mal ohne ihre Familie verreist.
Es hat ihr sehr gut gefallen, ihre Berichte fielen euphorisch aus.
Mama, das Essen, sooo guut! Das hat meine Tochter noch nie gesagt.

Und sogar der Wandertag war, man höre und staune, *uuurschööön*.

Nach vier Wochen Ferienlager kann ich sie endlich vom Westbahnhof abholen.

Mein Mutterherz, aufgeregt, endlich kann ich sie wieder in meine Arme nehmen!

Sie hat ihre Sonnensommersprossen bekommen. Und kann es sein, dass sie in nur vier Wochen so stark gewachsen ist? Soo groß ist meine Tochter, ich kann es kaum fassen!

Nach vier Wochen Abwesenheit sehe ich mein Kind mit ganz anderen Augen. Ich sehe, wie selbstständig sie ist und dass es ihr wirklich sehr gut gegangen ist, ganz ohne mich.

Ich habe nach dem Abholen zwei Babysitterstunden für Emmanuel eingeplant.

Es sollte sich nicht gleich wieder alles um Victorias kleinen Bruder drehen. Meine Tochter sollte in aller Ruhe und ganz entspannt ankommen können. Ein bisschen erzählen können. Ich wollte mit ihr gemeinsam eine Kleinigkeit essen gehen. Ein bisschen Zeit nur für sie.

Aber dann ist es so weit: Wir wollen und müssen nun auch Victorias Brüderchen von seiner Tagesmutter abholen.

Anfangs gibt es dort ein fröhliches Hallo und hingebungsvolle Baby-Bussis zum Wiedersehen und auch während der Heimfahrt mit dem vollgeladenen Auto haben wir keine nennenswerten Probleme.

Gregor hatte an diesem Abend irgendwo ein Konzert, ich war also mit meinen beiden Schätzen alleine.

Heimkommen. Ich hole die Koffer und Taschen aus dem Auto und trage das meiste in Victorias Zimmer. Als Nächstes: Essen kochen für Emmanuel. Mit ihm gemeinsam ein Buch anschauen. Eisenbahn spielen.

Irgendwann breitet sich dabei in mir ein Unbehagen aus.

Ich denke an die verschiedenen Bedürfnisse meiner beiden Kinder, die ich nun nebeneinander, möglichst gleichzeitig, erfüllen will.

Währenddessen wird Emmanuel immer quengeliger.

Am Abend kann er ganz lange nicht einschlafen, er ist wohl auch ziemlich aufgeregt, und spürt die Aufregung um ihn herum.

Sicher hat er registriert, wie gerne ich jetzt ein bisschen Zeit *nur mit Victoria* verbracht hätte.

Als ich versuche, ihn zu Bett zu bringen, will ich gleichzeitig die Heimkehrerin in aller Ruhe befragen, wie es ihr ergangen ist. Ich will mich also eigentlich gerade ganz auf *sie* einlassen, einen gemeinsamen Rhythmus finden, ich will einschätzen können, wie es ihr geht.

Dass meine innere Unruhe und mein ständiges Hinüberspüren ins Nachbarzimmer den kleinen Emmanuel aufregt, und eben nicht ruhig einschlafen lässt, ist mir im Nachhinein sehr gut verständlich.

An jenem Abend aber will ich nur, dass er *endlich Ruhe gibt.*

In meinem Kopf pulsiert dieser Satz:

Ein Kind, lächerlich! Zwei Kinder . . . ! Genau.

Victoria, mittlerweile tränenüberströmt, ist nun völlig durcheinander. Der Übergang von der weiten Welt des Ferienlagers in die häusliche Realität ist natürlich anstrengend, und dazu kommt auch noch die Übermüdung.

Genau jetzt hätte *sie* ihre Mami gebraucht.

Ich bin vollkommen hilflos.

Ich bin überfordert und wütend.

In dem Moment ist mein eigenes jüngeres Kind für mich vor allem *ein Keil,* der sich (absichtlich) langsam und unaufhörlich zwischen meine geliebte Victoria und mich schieben will.

Und je mehr ich dieser Vorstellung meine Aufmerksamkeit schenke, desto mehr gerate ich darüber in Wut.

Mein rationaler Verstand wusste selbstverständlich, dass Emmanuel nichts Böses wollte. Ich wusste das auch in diesem unglücklichen Moment.

Mir war vollkommen klar, dass Emmanuel nur seine ganz normalen kindlichen Bedürfnisse nach Nähe und nach einer aufrechten Verbindung zu seiner Mama geäußert hat, als er mich beim Einschlafen kuschelnd bei sich haben wollte. *Er ist ein Kleinkind, er ist mein zweites Baby. Er ist ein Kind der Liebe. Er soll von mir alles bekommen, was er zum Wachsen und Glücklichsein braucht.*

So sprach ich zu mir selbst, um mich dadurch zu beruhigen.

Ich hätte allzu gerne meine Gefühle wieder in angemessene Bahnen gelenkt.

Mein Gefühl aber war, dass ich der Situation ganz einfach nicht gewachsen bin.

Ich war überfordert. Und in meiner Zwickmühle gab ich Emmanuel dafür die Schuld.

In diesem Moment war ich auf ihn richtig *böse*.

Solche Gedanken und Gefühle sind natürlich nicht erwünscht, in ihrer Heftigkeit sind sie geradezu tabu.

Den Wunsch, dass ich mich als Mama von *zwei* Kindern oftmals am liebsten *verdoppelt* hätte, um dann eben beiden Kindern gerecht zu werden, habe ich in diesen Jahren sehr oft gehabt.

Dieses Dilemma hat bei mir früh angefangen.

Es begann schon in den allerersten Wochen nach Emmanuels Geburt.

Ich weiß noch genau, dass ich damals recht stark auch von einem Gefühl durchwachsen war, von dem ich am liebsten gar niemandem erzählen wollte.

In meinem Tagebuch steht: *Ich fühle mich … wie eine Verräterin!*

Ich hatte das Gefühl, dass ich plötzlich für meine Tochter, die ja bisher mein einziges Kind war, bei Weitem nicht mehr ausreichend Kraft und Zeit aufbringen konnte.

Ich litt sehr unter diesem Gefühl. Ich hätte so gerne weiterhin mehr Zeit für meine Kleine, jetzt Große, aufbringen wollen!

Dieses Gefühl bin ich wochenlang nicht losgeworden.

Wochenlang? Solche Gefühle haben mich das ganze erste Jahr über begleitet, mindestens. Und lange Zeit wollte ich mir das gar nicht eingestehen.

In meinen Träumen

Es war ein sonniger 27. April, als Emmanuel einen ganzen Monat vor dem errechneten Geburtstermin zur Welt kam.

Der Mai trug sein Wonne- und Wundergewand, die süßesten Düfte des Lebens, und die Sonne hier bei uns mitten im Wohnzimmer.

Beinahe gleichzeitig begannen wir zu realisieren, dass unsere Wohnung ab nun viel zu eng werden würde.

Ich bekam Angst vor der Enge.

Brach mir das Fersenbein.

Dann endlich kamen die Sommerferien.

Mit dem Beginn dieser Ferien sind wir ins niederösterreichische Waldviertel gefahren, um erst einmal die Großstadt hinter uns zu lassen.

Wir hatten dort ein ganzes Haus für uns, mit einem fantasievoll angelegten Garten, und dazu die gute Luft des Kamptals.

Wir haben uns vor allem Erholung gewünscht und so viel Schlaf wie möglich.

Viel Zeit im Garten, ein paar kleine Spaziergänge.

Im Ort gab es eine größere Brücke, die über den Kamp führte.

Beim Überqueren dieser Brücke hatte ich immer wieder die gleiche Szene vor meinem inneren Auge:

Eine Mutter,

eine unscheinbare und bleiche Gestalt,

wie sie ihr Baby über das Brückengeländer in den Fluss schmeißt.

Mir wurde schlecht, mir wurde heiß.

Mein Blut pochte heftig.

Ich bin über diese inneren Bilder erschrocken,

ich wollte sie ganz schnell wieder vergessen.

Aber diese Bilder haben mich eingeholt, nicht nur am Tag sondern auch in der Nacht.

Ich konnte nicht schlafen, diese Geschichte verfolgte mich bis in meine Träume.

Ein Baby über das Brückengeländer ...

in den dunklen Fluss geworfen ... Panik!

Ich habe damals mit niemandem über diese Bilder und Gefühle gesprochen, nicht einmal Gregor wusste davon. Ich hatte ein dumpfes, schlechtes Gewissen, weil mir mein Unterbewusstsein offenbar so ganz andere Bilder und Botschaften sandte als reine Freude und höchste Dankbarkeit. Für mich war diese Szene, die sich vor meinem inneren Auge immer wieder abspielte, und die sich darin spiegelnde Ambivalenz zum damaligen Zeitpunkt vollkommen unaussprechlich. Ich hatte ja noch ein Baby gewollt, und …

hättest halt nicht noch ein Kind gekriegt!

So redeten die bösen Zungen in meiner Fantasie direkt in mein schlechtes Gewissen.

Es dröhnte in mir und es hallte.

In solchen Momenten war ich in den Tiefen meiner Mutterseele ziemlich ratlos.

Ich war überfordert mit dem Anspruch, ab jetzt für *beide* Kinder, für meine geliebte große Victoria und für das kleine Baby Emmanuel, *gleichermaßen* eine gute Mutter zu sein. Ich hatte immer wieder keine Ahnung, wie das irgendwann gehen sollte.

Diese Ratlosigkeit hatte heftige Gewissensbisse zur Folge. Aber darüber wollte ich mit niemandem sprechen.

Ironie am Rande

Als ich vor längerer Zeit einer Freundin von meinem Buch und dem geplanten Titel des Buches erzählt habe, hat sie sich angesprochen gefühlt und hat sehr emotional reagiert.

Oh ja, sagte sie, sie kenne diese Geschichte genau, diese ganze Gemeinheit, die da immer wieder mitschwingt, wenn man einer Frau so etwas sagt. Nur eben anders herum. Denn sie hat sich entschieden, in diesem Leben keine Kinder zu bekommen.

Antonia ist Schauspielerin, sie lebt in Wien und spielt an verschiedenen kleineren Theatern. In die Produktionen, bei denen sie mitwirkt, involviert sie sich oft mit Hingabe. Die jeweiligen Entstehungsprozesse der verschiedenen Stücke erlebt sie oft als große Herausforderung, und phasenweise scheinen sich ihr eigenes Leben und ihre künstlerische Arbeit so sehr zu verschränken, dass die Grenze zwischen Kunst und eigener Realität verschwimmt.

Antonia liebt diese Arbeit, und sie führt genau das Leben, das sie gewählt hat. Finanziell kann sie sich, wie die meisten Schauspielerinnen und Schauspieler in der Off-Theaterszene, halbwegs über Wasser halten. Aber die Vorstellung, mit dieser Ausgangssituation und in diesem Beruf ein Kind zu bekommen, wäre für sie völlig absurd. In jeder Hinsicht, sagt Antonia, würde ihr dazu die nötige Sicherheit fehlen.

Antonia lebt seit vielen Jahren in einer stabilen Beziehung, dennoch ist sie sich sicher, dass ein Kind von dem hauchdünnen Sicherheitsnetz, auf dem sie sich selbst bewegt, niemals getragen werden könnte.

Das Ganze wäre für meine Freundin an sich kein Problem, wenn sie sich nicht jedes Mal, wenn es ihr gerade aus irgendeinem Grund etwas schlechter ginge, rechtfertigen müsste. Wenn sie, aus welchem Grund auch immer, gerade mit ihrer Lebenssituation hadert oder an sich zweifelt, dann wissen große Teile der Verwandtschaft, was logischerweise der Grund dafür sein muss:
Dann hättest halt ein Kind gekriegt!

Antonia lacht, jetzt, als sie mir davon erzählt.
Sie lacht ihr natürliches, freies, befreiendes Lachen. Dann aber sagt sie mit Nachdruck, dass sie diese Worte gehasst hätte. Jedes Mal mehr. Und sie könne und wolle das nie wieder hören. Es wäre zum Kotzen. Wie kann man so blöd sein, so deppert.
Ihr reicht's!

Die Heilige Familie

Irgendwie ist natürlich auch die alte Geschichte von der *Heiligen Familie* an diesem Dilemma beteiligt.
Unsere inneren Bilder von Familie. Wie sie sein könnte, wie sie sein sollte … Sie sind davon geprägt.

Diese Vorstellungen sind einerseits durch unsere Erfahrungen in unserer Herkunftsfamilie geprägt, und darüber hinaus entstehen sie im Rahmen von gesellschaftlichen und kulturellen Grundannahmen. Umgangsformen. Hierarchien. Religion. Medizin. Was erlaubt ist und was nicht.

Die unserem Wertesystem zugrunde liegenden Annahmen werden häufig so erlebt als wären sie Naturgesetze. Aber sie waren nicht von Anfang an da, sondern sie haben sich zunächst einmal im Rahmen der jeweiligen Kultur unserer bemächtigt. Sie sind sozusagen von außen in unser Denken und Fühlen eingesickert.

Es lohnt sich, darüber nachzudenken, denn diese Grundannahmen sind außerordentlich mächtig. Wer auch immer aus diesen gesellschaftlichen Normverständnissen ausscheren möchte, braucht dafür enorm viel Kraft und Durchhaltevermögen.

Die kollektiven Vorstellungen, innerhalb derer wir uns fortpflanzen (oder nicht), bestimmen maßgeblich unsere Lebensentscheidungen. Und diese Vorstellungen liegen unter anderem der Logik des jeweiligen Wirtschaftssystems zugrunde.

Rund um Weihnachten werden die gesellschaftlich erwünschten Familienbilder in sämtlichen Medien besonders deutlich sichtbar. Vatermutterkind.

Überhöht in der für Christenmenschen Heiligen Familie.

Wir sehen: das Kindelein im Krippelein.

Wir erkennen daneben: die heilige Maria, angeblich Jungfrau und Mutter (was ich bis heute verwirrend finde), und dazu gesellt sich: der Vater des Kindes. Er sieht aus wie ein redlicher Mann, der nicht genau weiß, wie ihm gerade geschieht. Er scheint seine Rolle zu kennen, er wird höchstwahrscheinlich seine Aufgaben erfüllen.

Alle scheinen zu hoffen, dass das Kind ihm zumindest ein bisschen ähnlich sieht.

Gewalt in der Familie.

Oder: *Wenn die Familie zum Albtraum wird.*

Alljährlich finde ich zwischen Keksrezepten und bunten Fotos von weiß-gold gekleideten Kindern mit künstlicher Lockenpracht (Bildunterschrift: *Das Christkind ist gelandet!*) Dossiers zum Ernst der Lage. Geschichten über die alltägliche Not von Menschen, die in unserem Land leben.

Sie erscheinen alljährlich, und scheinen einen gewissen Bedarf an medialer Anteilnahme und Ernsthaftigkeit abzudecken, aber mir kommen sie zumindest teilweise geheuchelt vor. Denn schon beim Lesen dieser Dossiers wissen wir bereits aus Erfahrung, dass diese Texte an der traurigen Wirklichkeit nichts ändern werden. Solche Geschichten locken die politischen Handlungsträger nicht vom warmen Kaminfeuerchen weg.

Die jährlich wiederkehrende Mischung aus bildlich inszeniertem Weihnachtsduft mit fotografisch aufbereitetem Kerzenlicht, aus Berichten über Weihnachtsmärkte, Schnäppchenjagd und über die angeblich besten Punschstände der Stadt, und eben dazwischen gestreut die jeweiligen Dossiers über die zu Weihnachten immer wieder verstärkt eskalierende Gewalt in den Familien, macht mich nervös. Manchmal sogar aggressiv. Insgesamt aber macht sie mich sprachlos und stumm.

Diese Mischung von Informationen bietet keinerlei Anleitung zum Widerstand, sie bietet alles in allem auch keinerlei Aufruf für gelebte Solidarität.

Armut ist bekanntlich eine relative Größe.

Das Gefühl, *arm* zu sein, entsteht immer aus einem Verhältnis zu dem, was innerhalb einer Gesellschaft normal ist, oder was in dieser Gesellschaft als erstrebenswert gilt.

Wenn man kein Geld übrig hat für duftenden Lebkuchen und Punsch, und wenn der Besuch am Weihnachtsmarkt den Kindern auch ganz

ohne Spielzeugkauf gefallen muss, dann kann die Zeit rund um das weihnachtliche Konsumieren zu einer echten Herausforderung werden. Schöne, warme Stiefel sind teuer, und dazu wünscht sich das Kind, *bitte Mama,* eine eigene Schiausrüstung für den Schulschikurs im Februar. *Oder wenigstens eine eigene Schihose, biiitte!*
Für viele Familien ist das unerschwinglich.
Viele Eltern, Männer und Frauen mit niedrigem Erwerbseinkommen (und das können ohne weiteres Männer und Frauen mit einer abgeschlossenen höheren Bildung sein), fühlen sich jedes Jahr um die Wintersonnenwende wie Verlierer.

Gegen Ende des Jahres, wenn es draußen richtig kalt wird und wenn die inneren Reserven an Sommersonne und an Optimismus langsam knapp werden, erkennen immer mehr Menschen die wirtschaftliche Sackgasse, in der sie sich befinden. Es ist die unsichtbare, unentrinnbare Macht einer gesetzlich erlaubten Ungerechtigkeit. Eltern, die in den unteren Einkommensschichten tätig sind, bringt diese legale und gesellschaftlich akzeptierte *ganz normale* Ausbeutung langfristig an den Rand ihrer physischen und psychischen Belastbarkeit.
Immer mehr erwerbstätige Menschen hanteln sich von einem befristeten Dienstverhältnis zum nächsten, ein Aufbegehren wird dadurch unmöglich.
Der Begriff *Wohlstandsgesellschaft* ist längst ein historischer; in diesem neoliberalen Wirtschaftssystem können Eltern ihren Kindern oft *weder* gemeinsame Zeit *noch* eine sichere finanzielle Basis bieten.

Schöne Frau, cooler Mann und freche, süße Kinder

Die Verlogenheit unseres gesellschaftlichen Umgangs mit dem Familienthema wird in Werbefilmen besonders deutlich.
Da kann man Mamas und Papas im schicken Freizeitlook sehen, wie sie sich ganz entspannt auf riesigen Sofas tummeln. Alle haben füreinander Zeit, und in sanfter Zeitlupe entfaltet sich ein Feuerwerk aus guter Laune. Alle lachen. Home, Sweet Home.

Wir wissen, dass wir diesen Bildern niemals entsprechen werden, und wir verachten diesen unglaublichen Kitsch.

Aber wäre nicht doch irgendetwas in uns auch gerne wenigstens *annähernd* so schön und so cool und so glücklich?

Ich glaube, dass wir allzu oft versuchen, den zum Elternalltag gehörenden Dauerstress herunterzuspielen, um unsere Familien nach außen hin, so lange es irgendwie geht, möglichst gut aussehen zu lassen. Fesch sein und fröhlich. Bis uns dabei nach und nach die Kraft ausgeht.

Ich erkenne ein Muster, bin selbst auch nicht frei davon.

Ich glaube, dass sich viele Frauen und Männer meiner Generation eben dann als *erfolgreich* einstufen würden, wenn sie sich selbst richtig *schick* fühlen.

Wenn wir Eltern sind, dehnen wir diesen Wunsch auf unsere ganze Familie aus.

Unsere Wohnung, großzügig geschnitten, mit außergewöhnlichem Mobiliar. Unsere Kinder, sehr bewusst frechsüß angezogen. Die Kinderzimmermöbel, die originellen Kinderzimmerlampen. Welche Sportgeräte unsere Kinder bekommen. Unsere Freizeitthemen, Kajak fahren, Klettern. Und natürlich die jeweiligen Urlaubsziele.

Wir inszenieren unbewusst Bilder, die wir von irgendwoher kennen. Bilder, die wir schon einmal gesehen haben, aber ganz sicher nicht bei unseren eigenen Eltern.

Wir inszenieren eine moderne Familie, eine glückliche Familie, eine lässige Familie. Große, auffällige Sonnenbrillen, die Eltern geben sich locker, sie wollen *anders* Eltern sein, als es die Eltern eine Generation vor ihnen waren.

Aber wie?

In Wien gibt es seit vielen Jahren einen Zetteldichter.

An stark frequentierten Orten der Stadt lädt er die Menschen zum Verweilen und zum Nachdenken ein, dieser Zetteldichter beklebt öf-

fentliche Flächen mit vielen kleinen Stücken Papier. Vor ein paar Tagen bin ich zufällig an einer reich beklebten Säule vorbeigekommen, und habe mir folgendes Gedicht gepflückt:
„Je mehr Werbung auf uns EINwirkt,
umso weniger können wir uns wehren,
dass sie sich auf uns immer mehr AUSwirkt."
Die schwungvollen Szenen und die verblüffende Ausstattung vieler Kino- oder Fernsehspots sind in unser kollektives Bewusstsein gesickert, aber sie bleiben für die meisten Menschen dann doch unerreichbar. Kaum hat man sich nämlich der Inszenierung entsprechend ein Dingsda geleistet, da ist es leider schon wieder von gestern.
Wir wissen, wie der neueste Trend *aussieht*. Aber wir wissen nicht, wie eine so modern und so stylish abgebildete Familie *funktioniert*.
Traditionelles kommt für die meisten von uns in Bezug auf unser Familienleben aber schon gar nicht in Frage.
Für die meisten Menschen meiner Generation gilt: Wir wollen anders leben als unsere Eltern. Bloß zeigt uns das noch keinen eigenen Weg auf.

Die neuen Rollen müssen erst gefunden werden. Und erst recht ein dazu passendes Wirtschaftssystem, das dann auch wirklich den Spielraum für diese Rollen ermöglichen wird.

Ein anderes Familienbild

Wie also könnte sie aussehen: eine moderne und möglicherweise glückliche Familie?
Je mehr ich darüber nachdenke, desto fröhlichere Bilder tauchen bei mir auf. Ich sehe sehr freie und unterschiedliche Bilder von Menschen, die mitten im Leben stehen.
Ich sehe eine Familie, in der reichlich *Spielraum* vorhanden ist, zeitlich und räumlich.
Etwa dreißig Stunden durchschnittliche Wochenarbeitszeit für alle voll beschäftigten Erwerbstätigen, das wäre dafür wahrscheinlich die beste Voraussetzung.

Ich sehe eine Familie, in der Mama und Papa (oder Mama und Mama oder auch Papa und Papa, also jedenfalls: verbindliche und liebevolle Bezugspersonen) abwechselnd einmal mehr und dann wieder weniger Erwerbsarbeit leisten. Die Erwachsenen in dieser Familie würden sich dabei nach ihren eigenen Wünschen sowie nach den Bedürfnissen der Kinder richten, sich phasenweise auf mehr bezahlte Kinderbetreuung verlassen und dann wieder auf weniger.

Ich sehe eine Familie, die sich dazwischen immer wieder auf ein *Grundeinkommen* verlassen kann, sodass auch in den erwerbsschwächeren Phasen zumindest die Miete und die notwendigsten Fixkosten für die Eltern und die Kinder abgedeckt sind.

Ich wünsche mir Familien, in denen Eltern und Kinder jeweils so viel Zeit miteinander verbringen können, wie sie *wollen*.

Ich möchte die Erwerbsarbeit als jenes Feld sehen, in dem sich Erwachsene ihren Talenten entsprechend in einer Gesellschaft einbringen. Und die Familienarbeit sehe ich dementsprechend als jenes Feld, in dem Männer und Frauen sich um einen kleineren Ausschnitt von Gesellschaft bemühen: für das Gedeihen und Wachsen innerhalb der Familie.

Beides ist Arbeit, beides ist Leben, beides wäre für mich im Idealfall so etwas wie sichtbar gemachte Liebe.

Ich wünsche mir, dass immer mehr Menschen (Männer genauso wie Frauen) wieder *das Leben an sich* in den Mittelpunkt ihrer Bemühungen stellen, und dass die notwendige Familienarbeit wie auch die liebevolle Versorgung von alten Menschen in unserer Gesellschaft wieder als ursprünglichste und lebenserhaltende Arbeit mit hoher Priorität gesehen wird.

Gäbe es ein Grundeinkommen, könnte diese Sichtweise viel eher zur gelebten Realität werden.

Eine derart neu organisierte Gesellschaft stelle ich mir für alle darin lebenden Individuen äußerst gedeihlich vor.

Liebe braucht Zeit

Nicht nur für die Kinder. Nicht nur für mich.

Außerdem bitte unbedingt auch Zeit für *uns beide,* nämlich für uns als *Paar.*

Wie alle Eltern haben auch Gregor und ich sehr bald festgestellt, dass nach der Geburt unseres Babys die frühere Romantik erst einmal sehr weit in den Hintergrund gedrängt wurde. Das Liebespaar, das wir noch vor wenigen Monaten gewesen waren, drohte an einer heimtückischen Unsichtbarkeitsgrenze zu verschwinden.

Mir hat das Angst gemacht. Ich kenne zu viele zerbrochene Beziehungen.

Ich wollte meinen *Liebsten* nicht verlieren, und ich wollte auch weiterhin von ihm als seine *Geliebte* wahrgenommen werden.

Ich wollte Romantik! Ich wollte gemeinsame Erlebnisse, die unserer Beziehung immer wieder Kraft geben.

Ich wollte unbedingt weiterhin Zeit haben für uns als Paar.

Mittlerweile haben wir uns in halbwegs regelmäßigen Abständen diese Freiräume geschaffen.

Mindestens alle zwei Monate organisieren wir einen Babysitter für jeweils zwei Tage und übernachten auswärts.

Familie schwänzen. Nur Gregor und ich.

Unsere gemeinsamen Ausflüge gehen wir langsam und unspektakulär an.

Stille und Geschwätzigkeit, beide Formen der Kommunikation haben in dieser gemeinsamen Zeit ihren Platz.

Wir sind Meister im zufälligen Auffinden.

Das alles haben wir im vergangenen Jahr gefunden: ein Sonnwendfeuer auf einem Hügel im südlichen Kamptal (und darin brannte ein Drache, der Feuer spie), eine kleine Jausenstation auf einer Lichtung am dichtbewaldeten Berg (und dort hat man uns den besten selbst gemachten Ziegenkäse serviert, den man sich vorstellen kann), einen kleinen, stillen Bergsee mit einer spiegelglatten Oberfläche aus rotbräunlichem Wasser, darin dottergelbe Trollblumen, Seerosen und Schlangen.

Wir haben mehrere Stunden auf einer üppig bewachsenen Almwiese verbracht, und nichts anderes getan, als gemeinsam zu lauschen und diese Wunderwelt einzuatmen.

Unser Lager auf der gestreiften Picknickdecke inmitten von Weingärten unter einem blühenden Wildrosenbusch, das ist meine allerschönste Erinnerung an den eben zu Ende gehenden Sommer.
Wir langweilen uns nie. Und unsere Liebesbeziehung blüht immer wieder neu auf.

Diese kleinen Exkursionen, sie sind für mich wie das Paradies auf Erden.

Glucke. Rabenmutter. Powerfrau.

Wenn ich Freundinnen von diesen Exkursionen (hinaus aus dem schönen Familienalltag und hinein in die manchmal noch schönere Zweisamkeit) erzähle, dann sehe ich oft so etwas wie Unverständnis in ihrem Blick. *Geht denn so etwas?*
Die meisten meiner Freundinnen sprechen zwar aus, dass es sie bedrückt, wie weit ihre Liebesbeziehung längst in den Hintergrund gerückt ist.
Aber kann man so etwas machen, als Eltern?
Darf man am Wochenende, also in der wenigen Zeit, in der die Familie endlich gemeinsam etwas unternehmen könnte, ganz einfach abhauen?
Da sind wir also wieder: *Sei mir willkommen, du liebes, schlechtes Gewissen.*
Ich glaube, jede Mutter kennt dieses Gefühl.
Alle meine Freundinnen haben von schlechtem Gewissen geredet, als ihre Kinder noch klein waren.
Zu wenig Zeit für die Kinder. Zu wenig Zeit im Beruf. Zu wenig Zeit für das Kochen von gesundem Essen, zu häufig wieder einmal Fertigpizza serviert.
Keine hatte das Gefühl, in ihrem Selbstverständnis als Frau und als

Mutter eine ideale Balance gefunden zu haben. *Keine* war mit ihrem Einsatz als Mutter *und* mit ihren anderen Leistungen in verschiedenen anderen Lebensbereichen wirklich zufrieden.

Ich frage mich, woran wir uns da eigentlich orientieren, wenn wir uns selbst die Latte so unerreichbar hoch legen? Welche Vorbilder ahmen wir nach?

Wir deutschsprachigen Mütter sind ja eigentlich immer: entweder Rabenmütter oder Glucken.

Ich kenne in meiner eigenen *Muttersprache* für uns Mamas keinen einzigen eindeutig positiv besetzten Begriff, der wirklich kraftvoll und liebevoll wäre.

Powerfrau? Nein danke. Ich habe genug unter diesem früheren Selbstbild gelitten.

Ich wünsche mir ein Wort für die Mütter in unserer Gesellschaft, das für Lebensfreude steht, und darüber hinaus auch für Vielseitigkeit.

Ein Wort, in dem Liebe, Verbundenheit und *echte Wertschätzung* mitschwingt.

Die modernen, berufstätigen, zeitgemäßen Mütter befinden sich also in einem sprachlichen Vakuum.

Wir suchen nach einer eigenen Identität, suchen irgendwo zwischen den bekannten Stereotypen, und wollen dabei möglichst mit den genannten Extremen nicht in Verbindung gebracht zu werden. Kein Hausmütterchen, auch keine Rabenmutter. Bloß keine Glucke, aber eben auch keine, die ihre Kinder vernachlässigt.

Viele von uns beschleicht demgemäß während der ersten Jahre unserer Mutterschaft eine gewisse Orientierungslosigkeit.

Wir suchen einen Ausweg, wir tasten uns voran und probieren aus, wer wir sein könnten. Einstweilen noch unsicher, gehen wir einen Mittelweg, einen Weg ohne Namen. Einen Weg möglichst ohne Beigeschmack.

In unserem Umfeld aber werden Rekorde gefeiert, denn unsere Gesellschaft hält stets Ausschau nach Höchstleistungen. Ein Mittelweg fühlt sich an wie ein fauler Kompromiss.

Mittelweg. Wie lauwarm, oder langweilig.

Wer aber dennoch für sich selbst und allen Vorurteilen zum Trotz die *goldene Mitte* findet, kommt dem persönlichen Glück möglicherweise ein großes Stück näher.

Kraftwort gesucht

Ich suche noch immer nach einer geeigneteren Sprache.

Nach Worten, die mich als Mutter in ein positives Licht rücken, nach einer Sprache, die nicht *ent*wertet, sondern *auf*wertet.

Nach Worten, die mich nähren, und mir in meiner Rolle als Mutter Kraft spenden.

Wer weiß ein wirklich schönes Wort für eine Frau, die sich im Beruf *und* in der Familie engagiert und verwirklicht?

Vorsicht! Abwertung

Die Abwertung von Mamas findet in unserem Alltag immer wieder statt, und zwar auf ziemlich unauffällige Weise.

Typische Szenen am Arbeitsplatz spielen sich zum Beispiel so ab: Abgehetzte Freundinnen erzählen einander im Laufschritt zwischen den Terminen ganz schnell ihr aktuelles *privates* Problem (kein Babysitter weit und breit, aber ein krankes Kind zu Hause und Ende der Woche ein unerbittlicher Abgabetermin), um dann sofort weiter zu laufen in ihr *wichtiges* Büro, wo sie ihre sogenannte *Arbeit* machen wollen. Aber der Chef oder die Chefin ist unzufrieden: Er oder sie bräuchte nämlich eine *zuverlässige* Mitarbeiterin. Eine, die *einsatzfreudiger* ist, und auf die man sich wirklich *verlassen* kann. Die Mutter weiß, das ist ungerecht. Aber sie schweigt.

Danach dann dieselbe Mutter beim Abholen der Geschwisterkinder vom Kindergarten. Die Büroarbeit ist heute leider nicht ganz fertig geworden, daher in der Firma beim Abschied ein verärgerter Chef. Und jetzt, nach einer U-Bahn-Störung, auch noch eine Konfrontation mit der Kindergartenpädagogin. Vor zwanzig Minuten, erklärt sie, wäre sie eigentlich gerne nach Hause gegangen. Wo übrigens ihre eigenen Kinder schon auf sie warten. *Ach Gott!*

Spätestens jetzt fühlt sich unsere berufstätige Mutter so richtig miserabel.

Sie erlebt genau das immer öfter: Es geht sich nicht aus.

Dieser Stress wird zur Dauerbelastung, er lässt sie nervös werden. Gereizt. Und aggressiv. Und das wirft man ihr vor.

In der Straßenbahn: Sie ist wütend, gekränkt, schluckt aber ihre Frustrationen hinunter.

Zuerst hat ihr niemand geholfen, den Kinderwagen in den Waggon zu hiefen, und anschließend wird sie wegen der ganz normalen Lebendigkeit ihrer Kinder mit strafenden Blicken gegeißelt. Kopfschütteln, *so etwas!*

Bei uns hätte es das nicht gegeben!

In der Straßenbahn habe ich oft erlebt, dass gerade ältere Frauen, die sich zu ihrer Zeit als Mütter höchstwahrscheinlich auch ziemlich abplagen mussten, gegenüber der jetzigen Müttergeneration (die ja *heutzutage ohnehin schon so viele Freiheiten hat)* wie gestrenge Erzieherinnen aufspielen.

Ich habe mich in solchen Situationen bewusst und möglichst offensichtlich mit den jungen Müttern solidarisiert. Mit freundlichen Blicken wollte ich mein Verständnis und meinen Beistand signalisieren.

Aber: Wie sehr auch *in mir* über lange Zeit eine unbewusste Bereitschaft zur Abwertung von Frauen schlummerte, das wurde mir erst nach und nach klar.

Ich habe mich gerne als Feministin bezeichnet und habe die Abwertung und die Diskriminierung von Frauen stets bei den *anderen,* bei den reaktionären Kräften vermutet.

Mittlerweile ist mir aber auch meine eigene, sehr subtil verinnerlichte Frauenverachtung gedämmert.

Sie ist eine Konsequenz aus all meinen bisherigen Erfahrungen.

Ich schreibe das natürlich nicht gerne, aber ich glaube, diese Selbsterkenntnis ist wichtig. Und lange Zeit war mir mein eigener Anteil an der kollektiven Frauenverachtung überhaupt nicht bewusst.

Auch ich denke und reagiere viel zu oft in Schubladen.

Denn auch ich habe schon während des Heranwachsens die unterschiedlichsten Bewertungen übernommen, wie sie eben in unserer Gesellschaft gegenüber Frauen vorherrschen.

Frauen beurteilen einander sehr oft blitzschnell und beinahe reflexartig nach dem jeweiligen Äußeren. Nach der Ausschnittgröße oder der Rocklänge, und sogar nach dem jeweiligen Lachen (zu laut?) oder dem Lächeln (nicht echt?).

Sicher, manches regt uns an zu Bewunderung, aber häufiger ziehen wir abwertende Schlüsse, sobald uns das weibliche Gegenüber aus irgendeinem Grund nicht genehm ist. Manches ist uns zu bieder, manches zu süßlich, manches zu künstlich. Und was viele Frauen wahrscheinlich am strengsten verurteilen würden ... *zu vulgär!*

Ich bin mir sicher, dass nicht nur ich diese Erfahrung gemacht habe.

Wir Frauen haben uns an diese gegenseitigen Abwertungsmechanismen und Gehässigkeiten gewöhnt, sodass wir selbst oft gar nicht bemerken, wenn sich in unser Denken oder Reden gerade wieder eine Portion Frauenverachtung schleicht.

Wenn wir nicht länger zu Opfern solcher diskriminierenden Sichtweisen werden wollen, gibt es nur einen Weg: Die Täterin in uns muss abdanken.

Nur wir selbst können uns von derartigen Reflexen und Denkmustern befreien.

Gar nicht wie eine Mutter

Mir fällt dazu eine Geschichte ein, die ganz bestimmt niemals böse gemeint war. Ganz im Gegenteil.

Diese Geschichte hat mich aber dennoch beschäftigt, und irgendwie hat sie mich wachgerüttelt. Zweieinhalb Jahre später ist sie mir immer noch gut im Gedächtnis.

Als Emmanuel sechs Monate alt war, habe ich ein aktuelles Foto von ihm und mir an eine Freundin geschickt. Mein Baby war auf dem Bild mit einer roten Wollmütze zu sehen und schaute fröhlich aus dem Tragetuch heraus. Ich stand mit dem Baby in einem weiß verschneiten Park, strahlender Wintersonnenschein, wir waren beide warm eingepackt in meinen Mantel und zusätzlich noch umhüllt von meinem großen, dunkelroten Wollschal.

Per MMS ging dieses Foto an meine Freundin Romana, und umgehend erhielt ich von ihr eine Antwort.

Sie schrieb: „Wow! Du siehst super aus! Überhaupt nicht wie eine Mutter!"

So sehr mir klar war, dass diese Worte von meiner Freundin aufmunternd und durch und durch als Kompliment gemeint waren, sie haben mich damals irritiert und verwirrt.

Romana ist vierfache Mutter.

Das Bild ging an sie, weil die Mütze auf Emmanuels Kopf ein Geschenk von ihr war. Sie hatte sie mir mit der Post geschickt. Alle ihre Kinder hatten diese Mütze mehrere Winter lang getragen, lauter schöne Erinnerungen befanden sich also schon in dieser warmen Kopfbedeckung. Und nun sollte Emmanuel sie bekommen.

Ich habe mich über dieses Geschenk sehr gefreut.

Romana ist in meinen Augen sehr selbstbewusst. Sie ist berufstätig, und auch sie hat, wie die meisten Mütter, schon mehrere Berufslebensabschnitte hinter sich. Sie hat nach und nach verschiedene Ausbildungen, Studien und Zusatzausbildungen abgeschlossen, war früher Angestellte im öffentlichen Dienst und arbeitet mittlerweile überwiegend freiberuflich. Auch sie hat viel über ihre Frauen- und Mutterrolle reflektiert. Und gerade deshalb hat mich dieser Satz von ihr so sehr überrascht.

Wie sieht man denn aus als Mutter?

Und warum *wow,* wenn man es schafft, dem zu entkommen?

Raus aus den Schubladen

Wer sind in unserer Gesellschaft die *coolen* berufstätigen Frauen? Sind das die modernen Frauen, die sich angeblich nehmen, was sie wollen? Schick gekleidet, mit Haaren wie frisch vom Friseur? Sind das die Frauen, die (angeblich) selbstbewusst mit ihrer Erotik spielen?

Und die Mütter? Sind sie quasi das Gegenteil dieser Frauen? Sind sie die Spaßbremsen?

Sind Mütter tendenziell eher unsexy, auch weil sie häufig überfordert sind? Sieht man ihnen den Stress an und die Müdigkeit? Und dazu noch den Ärger über den von außen erzwungenen Rollenwechsel? Wie weit dürfen Mütter ihre Attraktivität überhaupt noch offensichtlich zur Schau stellen?

Ich stelle mich vor einen großen imaginierten Schubladenschrank: eine Kommode mit Schubladen zum Einordnen von Frauen. Die alten Laden klemmen, sie sind tief und sehen aus wie große Truhen, sie sind schwer.

Bieder. Laut. Wohlerzogen. Provozierend. Jugendlich. Devot. Aggressiv. Angepasst. Und so weiter. Welche Schublade wäre meine?

In welche Frauenschublade würde ich mich ohne jeglichen Widerstand hineinlegen?

Kann es diese Lade überhaupt geben? Zu welcher Gruppe würde ich mich am ehesten zählen lassen?

In welcher Schublade möchte ich hingegen niemals landen?

Gruselig, so eine Bild von einer Kommode mit alten, verstaubten Holztruhen, in denen die verschiedenen *Frauenzimmer* untergebracht sind.

Vielleicht mag dieser Schubladenkasten ja etwas weit hergeholt sein. Ich glaube aber, dass die meisten Frauen oft ziemlich große Anstrengungen unternehmen, um der von ihnen abgelehnten Kategorie möglichst eindeutig zu entkommen.

Wenn es uns gelingt, alle Frauen, wie sie bei diesem Gedankenspiel in all diesen unterschiedlichen Schubladen eingeordnet sein könnten, in unser Herz zu schließen, und wenn es uns gelingt, ihnen allen ihren jeweiligen Lebensentwurf samt dazugehöriger Selbstinszenierung zu gönnen, und zwar ohne Neid und ohne jegliche Häme, dann sind wir selbst frei von Frauenverachtung.

Und erst dann sind wir auch frei von *Selbstverachtung*.

Liebe dich selbst

„Liebe dich selbst und es ist egal, wen du heiratest."
So lautet der Titel eines Buches, das ich vor einigen Jahren mit Vergnügen und mit etlichen Aha-Erlebnissen gelesen habe.
Die Selbstliebe scheint mir tatsächlich *der* wesentliche Schlüssel für alle Arten von Beziehungen zu sein.
Dafür, wie wir andere wahrnehmen.
Und auch für unsere eigenen Grundannahmen darüber, wie andere uns wahrnehmen.

Ein recht eindeutiger Indikator dafür, wie weit man auf dem Weg in Richtung Selbstliebe schon vorangekommen ist, ist die Beziehung zu den eigenen Eltern: Wie entspannt gestalten sich die jeweiligen Begegnungen? Gibt es Themen, die die Beziehung wiederkehrend belasten? Wenn wir uns selbst lieben wollen, kommen wir um die Klärung dieser Beziehung nicht herum.

Du bist frei. Und ich bin stolz auf dich

Meine Mama und ich.
Wie sie habe ich hellblaue Augen, wie sie eine eher dunkle und schnell bräunende Haut. Nicht sehr groß sind wir, beide. Ich finde, dass wir einander ähnlich sehen, aber meine Mutter findet das nicht.

Mit meiner Mama verbinde ich zuallererst eine unbändige Freude an der Vielfalt der uns umgebenden Pflanzen. Ich weiß um ein Leuchten in unser beider Augen, wenn es darum geht, verschiedene Vögel zu beobachten oder sie an ihren Rufen zu erkennen.
Ich erinnere mich an eine Zeit, in der ich gerade noch Schülerin war, und in der meine Mutter, frisch geschieden, nach einer langen Unterbrechung doch noch ihr Biologiestudium vollendet hat.
Damals wurde sie (zum ersten Mal seit sie Mutter geworden war und zum zweiten Mal in ihrem Leben) auch politisch aktiv. In der Hainburger Au, in einem Gebiet, das mittlerweile zu einem österreichischen Nationalpark ernannt worden ist, hat sie einen halben Winter

lang gemeinsam mit ihren Studienkolleginnen bei Tag und bei Nacht der Kälte getrotzt. Das Ziel war die Verhinderung der geplanten Rodung eines Auwaldgebiets, denn diese Landschaft an der Donau war nach Einschätzung der Biologen einzigartig und in höchstem Maße schützenswert. Die Pläne um die Errichtung eines Kraftwerks just in diesem Areal wurden von den AktivistInnen tatsächlich durchkreuzt, die Rodungen wurden eingestellt.

In dieser Zeit erschien mir meine Mutter kraftvoll und ausgesprochen kämpferisch. Keine meiner Freundinnen konnte damals ähnliche Geschichten über ihre Mama erzählen.

Natürlich gibt es noch ganz andere Schattierungen und Untertöne, die mir meine Mutter ebenfalls mitgegeben hat.

Einer der prägendsten Sätze aus ihrem Mund war: *Wenn man sie braucht, sind sie nicht da.*

Das Subjekt dieses Satzes musste nicht genauer definiert werden, denn es war klar, wer gemeint war: *die Männer.* Nach Mamas Worten waren sie, zumindest bezüglich des Zusammenhanges von *wenn man sie bräuchte* und *sind sie nicht da:* alle gleich.

Meine Mutter hat sich zu Hause, in ihrem Alltag, bei der Familienarbeit und immer wieder auch bei Fragen der Kindererziehung oft sehr *allein* gefühlt. Das Alleinsein entsprach aber nicht ihrer bewussten Wahl. Es entsprach nicht ihren Erwartungen, denn sie war ja verheiratet.

Sie hätte sich gewünscht, dass dieses Verheiratetsein viel mehr ein *gemeinsames* Tun und Erleben von Mann und Frau bedeutet.

Mit Enttäuschung stellte sie fest und erlebte immer wieder: Wenn man sie braucht, sind sie nie da.

Ich weiß, dass es zwischen mir und meiner Mutter eine starke Verbundenheit gibt. Aber erst relativ spät habe ich verstanden, dass ich ihr, und dass ich diesem Satz gerade durch mein Alleinleben über viele Jahre hinweg unbewusst treu war.

Familienaufstellungen. Schamanische Rituale. Ich habe mich immer wieder mit der Beziehung zu meiner Mutter beschäftigt. Bis ich erkennen konnte, dass ich ihr und mir den allergrößten Dienst erweisen kann, indem ich aufhöre, genau das zu perpetuieren, was mich an ihrer Lebensgeschichte traurig gemacht hat. Das Alleinsein.

Woran ich mich sehr gut erinnere, ist eine Aufstellung, bei der die Position meiner Mutter am Ende liebevoll ihren Segen für alle meine *anderen* Entscheidungen ausgesprochen hat.

Sie sagte es klar und sehr deutlich. Beinahe feierlich:

Flieg!

Fliege hoch!

So hoch und so weit wie DU willst.

Du bist frei!

Und dann noch der wichtigste Satz: *Und ich bin wahnsinnig stolz auf dich.*

Nun gehe ich meinen Weg. Und meine Mama geht ihren.

Ich schaue, vor allem mit meinen inneren Augen, seither entspannter und liebevoller zu ihr hin.

Blumen in der Wüste

Muttertag. Zwischen zwei heftigen Regengüssen und unter einem abenteuerlich dunkelgrauen Himmel gibt es würzige Mailuft für uns. Meine Mutter und ich wandeln über eine große Wiese, beide sind wir fast meditativ mit Blumenpflücken beschäftigt. Mehrere Regentage liegen hinter uns, das Gras und die vielen duftenden Frühlingskräuter sind beinahe kniehoch. Die Wiese zeigt sich in ihrem ganzen Reichtum. Der Löwenzahn ist schon wieder am Rückzug, dafür wächst und erblüht gerade der größere, leuchtend gelbe Wiesenbocksbart, und überall ragt Sauerampfer rosa und rostrot zwischen den grünen Halmen hervor. Wiesengünsel, strahlend blauviolett, zieht unsere Blicke auf sich. Eine jede von uns holt sich immer wieder so ein Stämmchen aus der Wiese, ergötzt sich daran und steckt es voll Freude und mit vorsichtigen Bewegungen in ihren Strauß.

Obwohl wir dabei sehr behutsam vorgehen und bei jeder Pflanze darauf achten, dass wir sie möglichst schonend entnehmen (das habe ich von klein auf so gelernt), nennen meine Mutter und ich das, was wir da gerade tun, mit etwas Selbstironie *rupfen*.

Meine Mutter und ich, wir können unmöglich an so einer Wiese vorbeigehen, ohne wenigstens zwei, drei Gräslein oder Blümlein abzupflücken. So begleitet uns nämlich auch zu Hause der Zauber der Wiese noch eine Zeit lang.

Meine große Leidenschaft für Wald und Wiesen habe ich also von meiner Mutter übernommen, und sie wiederum hat sie von ihrem Vater geerbt.

Das Summen und die Gerüche. Die Farben, das Leuchten. Die Feuchtigkeit oder die Trockenheit des jeweiligen Bodens. In solchen Momenten erwachen alle meine Sinne, ich lebe auf, sobald ich mich in so ein grünes Biotop hineinbewegen kann. Gregor ist immer wieder amüsiert, wenn er meine Mutter und mich in dieser stillen Eintracht beobachten kann.

Mama und Gregor befinden sich gerade ein Stück weiter vorne, sie wechseln ein paar Worte und ich kann sie gerade noch hören. Gregor lacht und sagt zu meiner Mutter, dass er hier, gleich neben dem Bahndamm, niemals auf die Idee kommen würde, Blumen und Gräser zu pflücken. Aber die Sträuße, die wir da gerade sammelten, seien wirklich sehr schön.

Daraufhin erzählt meine Mutter eine Anekdote aus meiner Kindheit. Sie sagt, dass wir damals gerade auf Urlaub waren. Auf Chorsingwoche. Wir waren in einer Gruppe unterwegs und waren auf einem Spaziergang. Sie erzählt, dass sie auch damals gerade ein Sträußlein gepflückt hat und dass eine Bekannte, eine Frau aus dieser Gruppe anerkennend zu ihr sagte, dass sie hier *nirgends* auch nur *eine einzige* interessante Pflanze gesehen hätte. Und wo meine Mama diese wunderbaren Blumen denn bloß immer finden würde?

Diese Bekannte schenkte meiner Mutter Bewunderung für ihr Tun, sie schwärmte: „Was für ein lebendiger und prachtvoller Strauß!"

Das alles erzählt meine Mutter nun etwa vierzig Jahre später. Erzählt, dass ich damals auch dabei gewesen bin. Und dass ich mich plötzlich in das Gespräch der beiden Frauen eingeschaltet habe.

Sie erinnert sich, so sagt sie jetzt, noch ganz genau an diesen *einen* Satz, den ich, mit ungefähr vier Jahren, in dieser Situation mit viel Nachdruck gesagt haben soll: *Meine Mama findet sogar in der Wüste noch Blumen.*

Blumen in der Wüste! In diesem Wüstensatz schwingt so viel echte kindliche Bewunderung mit für echte mütterliche Überlebenskunst.

Nach etwa vier Jahrzehnten wurde aus dem sogenanntem *Kindermund* der passende Satz zum Muttertag. Eine Würdigung voller Liebe, samt unbeabsichtigter Tragik.

Die Wiese, der Mairegen, der graubunte Abenteuerhimmel. Bis dort hinauf reicht an diesem Tag wohl der überschwängliche Wiesenkräuterduft.

Aber die Wüstenblumen, diese Überlebenskünstlerinnen, sie gehen mir heute nicht mehr aus dem Kopf.

Am Abend sind wir dann wieder zu viert, Gregor und ich und die Kinder.

Victoria schenkt mir ein Päckchen, das sie mit selbstbemaltem Papier umwickelt hat. „So wie früher, als ich klein war", erklärt sie mit breitem Schmunzeln.

Ich löse das Papier, natürlich ganz vorsichtig (also auch so wie früher) und bewundere die kleinen selbst gemalten Blümchen. Schließlich bin ich am Ziel angelangt, ich finde einen türkisfarbenen Nagellack. Tatsächlich hatte ich mir vor zwei Wochen in einem Anfall von Sommerlaune ihren hellblauen Nagellack für meine Zehennägel ausleihen wollen, und das fand meine Tochter gar nicht gut.

Nun habe ich von Victoria meinen eigenen bekommen, wir wollen ihn später noch gemeinsam ausprobieren. Darauf freue ich mich, weil dieses Vorhaben ein halbes Stündchen ruhige, gemeinsame Zeit mit meiner Tochter bedeutet.

Diese Plauderei wird wahrscheinlich am späteren Abend stattfinden. Jetzt aber geht es in anderer Besetzung hinunter in den Keller: Emmanuel mit Papa und Mama. Zwischen etlichen Regalen, und während Gregor gerade ein bisschen aufräumt, findet Emmanuel ein Päckchen mit kleinen Plastiktieren für die Badewanne. Es sind Quietsch- und Spritztiere, mit Wasser befüllbar: ein Schwertwal, eine lila Robbe, eine bunte Wasserschnecke.

Emmanuel will diese Robbe.

Eigentlich, will ich ihm gerade erklären, ist das ja ein Walross, und *schau Emmanuel! Was das Walross für lange, dicke Stoßzähne hat!*

Aber Emmanuel sagt klar und deutlich: *Die Lobbe! Ich will, bitte, die Lobbe!!*

Und dabei bleibt es dann.

Unser Dreijähriger spielt mit dem kleinen violetten Robbendings in der Hand, und es kommt schnell zu einem Rollenspiel mit einer selbst erfundenen Geschichte.

Das Robbenkind sucht seine Mama, es ruft nach ihr, es dreht sich hin und dreht sich her ...

Dieses Spiel wird getragen von echtem Einfühlungsvermögen und mündet schließlich in einem Happy End. *Natürlich* wird das Robbenkind seine Mama wiederfinden. Erlösung! Alles ist wieder gut.

Wir gehen gerade die Stiegen hinauf, als Emmanuel das Gummitier zappeln lässt, und hinter mir ertönt es nun ganz deutlich:

DU bist meine Traum-Mama!
DU bist meine Traum-Mama!

Gregor und ich, wir hatten es beide so gehört. Wir waren ein kleines bisschen gerührt.

Das war *mein* Satz zum Muttertag.

Und es macht nichts, dass Emmanuel, der manches noch undeutlich ausspricht, natürlich Robben-Mama sagen wollte.

TEIL IV: NEULAND BETRETEN

Emanzipation und Geborgenheit.
Die Quadratur des Kreises und ein lächelnder Delfin.

Von einem Freund

Ein Mail von einem Freund.
Abendsonnenglanz.
Ein Foto zeigt ihn stehend auf einem Ruderboot aus Holz, das Wasser friedlich, es spiegelt versöhnliches, mildes Licht.
Der Freund hat sich gerade von seiner eigenen Firma verabschiedet.
Er schreibt:

Sei selbst die Veränderung, die Du Dir für diese Welt wünschst.

Innen wie außen

Wie sehr unsere jeweilige Lebenssituation von unseren *inneren Bildern* abhängt, das war mir lange Zeit gar nicht bewusst. Erst nach und nach ist mir klar geworden, dass ich mir meine Lebenssituation selbst zurecht gezimmert habe. Und zwar genau so, wie sie meiner eigenen, inneren Verfasstheit entsprach.
Nun habe ich realisiert, dass ich über so viele Jahre überhaupt keine Vorstellungen davon hatte, wie *meine eigene Familie* aussehen hätte sollen.
Keinerlei Wünsche. Kein Ideal. Ich hatte keine inneren Bilder zum Thema Partnerschaft, denn ich wollte in meinem früheren Selbstbild vor allem *unabhängig* sein.
In meiner Jugend waren Familie und Kinder für mich und für meine Freundinnen kein Thema. Ein Hausfrauendasein kam für uns sowieso nicht in Frage und auch alle anderen Möglichkeiten oder Facetten rund um das Familienthema haben wir als junge Frauen ganz einfach ausgeblendet.
Und so blieb es dann. Es blieb so, bis weit in mein Erwachsenenleben hinein.
Ich und meine Freundinnen. Wir waren gut ausgebildet. Wir waren berufstätig.
Wir waren erfolgreich.
In meinen jüngeren Jahren war ich damit sehr zufrieden.
Ich kann mich nicht daran erinnern, dass ich jemals mit meinem da-

maligen Leben gehadert hätte. Oder dass ich jemals das Gefühl gehabt hatte, dass ich mir irgendeinen wichtigen Wunsch nicht hätte erfüllen können.

In dieser Zeit bin ich viel unterwegs gewesen.
Ein großer Bekanntenkreis bot fast immer die Möglichkeit, jemanden zu treffen. Angeregte Plaudereien, ich bin viel in Konzerte gegangen oder in Ausstellungen, gerne ins Kino, auf Filmfestivals.
Das Kino war eine meiner großen Leidenschaften. Eine Ankündigung für eine besondere Filmvorführung konnte mich jederzeit, auch an einem Sonnentag, in einen abgedunkelten Keller locken.
Es war ein warmer Sommertag vor bald zwanzig Jahren, ein Sonntagvormittag.
Ein australischer Film wurde gezeigt, er hieß *An Angel at my table.*

In diesem Film fiel ein Satz, der bei mir einen sensiblen Nerv traf.
Eine junge Frau sprach ihn aus, ganz ohne wichtige Gesten, eher wie nebenbei.
Be careful what you wish for.
Dieser Satz hat mich damals verwirrt.
An jenem Sonntag im Kino hatte ich das Gefühl, dass er hauptsächlich für mich gesagt worden war.
Ich habe diesen Satz also zu mir genommen und bin mit ihm nach Hause gegangen. Dort habe ich ihn viele Male, leise und nur für mich, ausgesprochen.
Be careful.
Flüsternd, immer wieder.
What you wish for.

Autonomie versus Geborgenheit

Romantische Liebesgeschichten, natürlich. Die gab es.
Als Garnierung des schönen Lebens waren sie sogar unerlässlich. Aber

auf der anderen Seite war da in mir eine für mich noch wichtigere Vorstellung von *Eigenständigkeit,* von der sogenannten *Autonomie.* Das, was ich Autonomie nannte, war mir über lange Zeit regelrecht heilig.

Eines Tages aber, als ich bereits mehrere Jahre Alleinerzieherin war, habe ich diese Autonomie im Gespräch mit einer Freundin als meine innere Saboteurin erkannt. Meine Freundin hat mir diesen scheinbaren Widerspruch zwischen Autonomie und Geborgenheit sehr behutsam als das wiederkehrende Dilemma meines Lebens aufgezeigt. Ich bin ihr bis heute dafür dankbar.
Sie ließ mich die Autonomie gefühlsmäßig auf eine Hand legen und *Geborgenheit* auf meine zweite.
Sie ließ mich hinspüren, vergleichen, ließ mich bewerten. Als meine Freundin mich irgendwann dazu aufforderte, die beiden Qualitäten zusammenzubringen, da war ich zunächst vollkommen überfordert.
In diesem Gespräch habe ich endlich verstanden, dass ich die von mir so geschätzte Autonomie die längste Zeit über als *das Gegenteil von Geborgenheit* in mir trug.
Von da an begann ich zu realisieren, dass ich für diese von mir so fröhlich zelebrierte Eigenständigkeit einen hohen Preis gezahlt habe.
Die Konsequenz aus diesem inneren Widerspruch war nämlich, dass ich letzten Endes, und auch in wirklich schwierigen Situationen, immer wieder ganz auf mich alleine gestellt war.
Als Mensch. Als Frau. Als Mutter.

Ich wollte heraus aus der Sackgasse.
Es sollte für mich Autonomie *und Geborgenheit* geben.
Seit diesem Gespräch mit meiner Freundin hat bei mir ein Umdenkprozess begonnen.
Es muss einen anderen Weg geben.
Ich muss … einen Weg finden zum Glück, den ich nicht kenne …

Demanzipiert?

In meinen zufriedenen Momenten nehme ich mit stiller Freude wahr, dass sich bei mir inzwischen einiges grundlegend geändert hat.

Wieder bin ich ein ganzes Stück weitergegangen.

Ich lebe mittlerweile *in Verbundenheit* mit einem Mann an meiner Seite und mit meinen beiden Kindern.

Gregor und ich, wir tragen *gemeinsam* die geteilte Verantwortung für die Familie.

Jeder trägt selbstverständlich die Verantwortung für sich selbst, und wir tragen gemeinsam die Verantwortung für unser Familiensystem. Für die Grundstimmung. Und für die Möglichkeiten, die sich daraus ergeben.

Ich habe noch nie zuvor in einer so starken *wechselseitigen Abhängigkeit* gelebt, und das Zulassen einer solchen Beziehung hat bei mir jahrelanges Knieschlottern verursacht.

Bei jedem weiteren Schritt hinein in die neue Familiensituation und in eine Lebensgemeinschaft mit einem Mann, habe ich mich gefragt: Will ich das wirklich? Macht mich das auch bestimmt nicht zu abhängig? Werde ich nun *demanzipiert?*

Nun aber hat sich etwas in mir umgedreht.

Ich stelle fest, ich bin anders geworden.

Nicht mehr der Verlust meiner ehedem so hochgeschätzten Autonomie steht im Vordergrund. Oder der Verlust meiner Freiheiten von früher, als ich mich im Beruf ohne zeitliche Einschränkungen verwirklichen konnte.

Eine andere Freiheit ist für mich entstanden.

In der Mitte meines Lebens habe ich ein erfreulich großes Maß an persönlichem Gestaltungsspielraum.

Ich muss nicht, ich *darf* viele Nachmittage zu Hause verbringen. Oder im Zoo. Oder im Wald. Oder in meinem Arbeitszimmer, an meinem Schreibtisch. Ich bin sehr frei in meinen Entscheidungen.

In meinen guten Momenten fühle ich mich *privilegiert.*

Denn mein Zeitwohlstand ist mittlerweile beträchtlich.

Weil Gregor und ich uns die unbezahlte Arbeit für die Familie aufteilen, lebe ich in einer ziemlich ausgeglichenen Balance zwischen innen und außen.

Immer wieder werde ich gefragt, ob ich auf Urlaub war. Nein, antworte ich, und sage, dass wir ins Grüne gezogen sind und dass ich mit unserem Kleinen sehr viel Zeit im Freien verbringe.

In meinen guten Momenten bin ich mittlerweile dankbar dafür, dass ich meine Tage nicht in einem klimatisierten Büro versitze. Keine Organisation dieser Welt könnte mir dann mein selbstbestimmtes und sehr freies Leben mit einem regelmäßigen Gehalt abkaufen.

Zugegeben, ich bin nicht immer in der Lage, diese aufhellende Sichtweise auf meinen Karriereverlust beizubehalten.

In den schwächeren Momenten befällt mich mitunter eine zirpende Unzufriedenheit. Dann tönen in mir die alten Lieder von der Opferrolle und von der unfreiwilligen Unsichtbarkeit.

In meinen schwächeren Momenten wünsche ich mir die fehlende Anerkennung (dann nämlich *von außen*) zurück. Anerkennung, die ich *vor* meiner Zeit als Mama stets in großen Maßen genossen habe.

Ich weiß, dass *Karriere machen* in meinem früheren beruflichen Umfeld bedeuten würde, dass man am Ort des beruflichen Geschehens an den Arbeitstagen für viele Stunden (mindestens acht, meistens aber zehn) involviert bleiben muss: einmal für ein zusätzliches informelles Gespräch, ein anderes Mal für eine etwas länger andauernde Redaktionssitzung oder für eine Sendung, die ganz einfach noch fertig werden muss.

In einem größeren Unternehmen bedeutet Aufsteigen und Karriere machen zu wollen, dass man durchschnittlich mindestens 50 Stunden pro Woche im Dienst und davon so viele wie möglich im Unternehmen anwesend sein müsste.

Meine frühere Identifikation mit all diesen Vorstellungen von beruflichem Erfolg loszulassen, hat bei mir lange gedauert. Dieses Loslassen war und ist schwierig. Kaum etwas war für mich jemals so schwer!

Aber nach und nach hat sich meine Sichtweise geändert.
Auf das, was man als gesellschaftlichen Aufstieg bezeichnet.
Und auf das, was wir in diesem alten System *Erfolg* nennen.

Definiere Erfolg

Indem ich Mutter geworden bin, bin ich in unserer Gesellschaft, in der unser Status in erster Linie vom jeweiligen Erwerbseinkommen abhängig ist, zwangsläufig zur Absteigerin geworden.
Mein Einkommen ist eindeutig gesunken, ich verdiene heute wesentlich weniger als vor meiner Zeit als Mutter. Und später einmal wird dieser gesellschaftliche Abstieg an meiner vergleichsweise mickrigen Pension ablesbar sein. (Wenn Gregor und ich über das Älterwerden und über unsere Altersversorgung sprechen, dann machen wir meistens düstere Witze.)

Auf meinem Lebensweg und in meiner persönlichen Entwicklung fühle ich mich aber, all diesen Tatsachen zum Trotz, eindeutig als Gewinnerin.
Ich finde, dass ich *als Mensch* viel gelernt habe, und dass ich gewachsen bin.
In meinen guten Momenten habe ich das Gefühl, mit meiner Entscheidung für mehr Lebenszeit innerhalb der Familie einen gordischen Knoten zumindest gelockert zu haben. Und manchmal bin ich richtig stolz auf diese Entwicklung.

Natürlich frage ich mich immer wieder, wie weit diese Entwicklung auch mit meiner feministischen Grundhaltung vereinbar ist. Der äußere Machtverlust, der mit dieser Entscheidung einhergegangen ist, ist unübersehbar.
Ich frage mich also: Widersprechen meine Entscheidungen, erstens: Kinder bekommen zu haben, zweitens: mit einem Mann zusammenzuleben, und drittens: einen beträchtlichen Teil der eigenen Zeit und

Energie nun auch meinen Kindern und meiner Partnerschaft widmen zu wollen, insgesamt dem, was man salopp als Emanzipation der Frau bezeichnen würde?

Emanzipation

Emanzipation ist kein *Zustand,* sondern ein kontinuierlicher Prozess.
Emanzipation bedeutet immer: Veränderung.
Sie ist nicht weiblich, sondern zutiefst menschlich.
Emanzipation bedeutet, sich selbst aus irgendeinem vorgegebenen Korsett zu befreien. Aus Übernommenem oder aus Anerzogenem.
Manchmal bedeutet Emanzipation, dass man sich von guten Ideen, wie sie unter anderen Grundvoraussetzungen sinnvollerweise entstanden sind, nun distanziert, weil die eigene Situation eben etwas anderes braucht.
Emanzipation bedeutet: bewusst *weiter*zugehen.
Die jeweils bestehenden Grenzen zu erweitern.
Das jeweils Unerhörte zu wagen.
Und immer wieder aufs Neue: auch über den eigenen Schatten zu springen.

Ein Nachdenken über Emanzipation schließt für mich unbedingt mit ein, auch über das zu reflektieren, was vor mir war.
Für unsere Urgroßmütter hat Emanzipation unter anderem bedeutet, dass sie so grundlegende Dinge wie das *Wahlrecht* für Frauen erkämpft haben.
Mutige Frauen haben am Beginn des 20. Jahrhunderts im Kampf um das Wahlrecht sehr viel riskiert. Erst vor etwa 100 Jahren wurde gesetzlich verankert, was für uns heute vollkommen selbstverständlich ist, in Österreich und Deutschland wurde das Frauenwahlrecht erst 1918 eingeführt. Dass Frauen genau wie Männer wählen sollten, galt bis dahin für viele Menschen, für Männer wie für Frauen, als völliger Nonsens. Und das ist noch gar nicht so lange her.

Mutige Frauen aus der Generation unserer Großmütter konnten an die damaligen Errungenschaften anschließen und wollten die Hälfte der Welt für die Frauen erobern. Als sichtbares Zeichen für die angestrebte Erweiterung ihres Handlungsspielraumes haben sie in den 1930er- und 40er-Jahren in der Öffentlichkeit Hosen getragen. Sie haben sich gekleidet wie Männer. Sie wollten absichtlich provozieren, wollten die herrschenden Normen ins Wanken bringen.

Wenn sich diese Frauen dann auch noch rauchend in der Öffentlichkeit zeigten, konnte das damals noch einen echten Skandal bedeuten.

Nur ein paar Jahre später, während des Krieges, ergab sich für viele Frauen dieser Generation eine noch weitreichendere Emanzipation. Auch jene Frauen, die sich nicht bewusst und aktiv für Gleichberechtigung eingesetzt hätten, waren nun davon betroffen. Die meisten *Männer* dieser Frauen waren in den Krieg gezogen, sie waren also *nicht da*. Viele Frauen waren vorübergehend für sämtliche Bereiche des täglichen Lebens alleine zuständig. Ihre Töchter und Söhne waren Kriegskinder und Nachkriegskinder. Viele von diesen Kindern wuchsen ohne emotionale Nähe zu ihren Vätern auf.

In den besten Lebensjahren unserer Großmütter hieß das Hauptanliegen nicht Selbstverwirklichung, es hieß auch nicht Romantik.

Existenzielle Ängste, Hunger und die wiederkehrende Angst ums Überleben bestimmten in den Kriegsjahren den Alltag dieser Frauen.

Nach dem Krieg haben wohl die meisten Menschen versucht, die Schrecken dieser Zeit so schnell wie möglich zu vergessen.

Als der allererste Wiederaufbau geschafft war, hallte Aufbruchsstimmung durch das Land, und diese Aufbruchsstimmung wirkte sich auch auf das Bildungssystem aus.

Von nun an sollten alle, also auch die Mädchen, möglichst gut und umfassend ausgebildet werden. Aus den ehemaligen Kriegskindern entwickelte sich, zumindest in den Städten, die erste deutlich besser ausgebildete Frauengeneration: Immer mehr Frauen begannen in den sechziger und siebziger Jahren mit einem Studium oder mit einer beruflichen Karriere, sie wurden aber in dem Moment, als sie Mütter geworden waren, wieder in die alten Rollenbilder gedrängt.

Ich weiß also, dass es für meine Urgroßmutter noch nicht einmal selbstverständlich war, wählen zu dürfen.

Meine Großmutter, der ich sehr nahe gestanden bin, musste einst die Erlaubnis ihres Mannes einholen, um arbeiten zu dürfen. Ich weiß aus Erzählungen, dass er ihr diese Erlaubnis in jungen Jahren vorenthalten hat, und dass sie ihm das für lange Zeit nicht verzeihen konnte.

Und meine Mutter gehörte zu den aufstrebenden Studentinnen der sechziger Jahre. Ihre Mutterpflichten hatten sie damals aus ihrem Studium geworfen. Erst als meine Schwester und ich aus dem Gröbsten heraus waren, holte sie sich ihre Freiheit zurück und ließ sich scheiden.

Ich bin 1968 in Wien zur Welt gekommen.

Für mich und für viele Frauen meiner Generation hatten mutige Vorgängerinnen bereits sehr viele Tore geöffnet, viele Wege waren für uns schon geebnet.

Ich wusste schon als Kind, dass ich ab dem Erreichen der Volljährigkeit, genau wie jeder andere erwachsene Mensch, wählen gehen würde.

Und dass ich mich darüber hinaus auch selbst in ein politisches Amt wählen lassen könnte.

Für mich war es von Kindheit an selbstverständlich, dass ich einmal eine höhere Schule besuchen und auch ein Studium anstreben könnte. Dass ich mir die Themen und Inhalte meines Studiums selbst auswählen kann.

Es war klar, dass ich danach in einen von mir gewünschten Beruf einsteigen würde. Und es war von Anfang an selbstverständlich, dass ich mit dieser Berufstätigkeit immer auch mein eigenes Geld verdienen würde. Außerdem war es Teil meiner Realität, dass ich als Frau jederzeit alleine verreisen kann.

Ich bin aufgewachsen mit der Aussicht auf ein Leben, in dem ich sämtliche Entscheidungen für mich selbst treffen würde. Ein Leben, in dem ich im Wesentlichen tun und lassen können würde, was ich will.

Als junge Frau bin ich, dem Zeitgeist entsprechend und auch meinen eigenen Wünschen gemäß, in einen *vielversprechenden Beruf* eingestiegen.

Ich wollte meine Möglichkeiten ausloten, meine Talente entwickeln, und habe mich im damaligen Wertesystem recht geschickt einbringen können.

Die journalistische Arbeit, für die ich mich zunächst entschieden hatte, wurde eindeutig *hoch* bewertet. Ich bekam ausgesprochen viel Anerkennung von allen Seiten und dazu eine entsprechend hohe Entlohnung.

All dies war relativ leicht zu erreichen.

Es gab zum damaligen Zeitpunkt bereits eine breite gesellschaftliche Zustimmung zur Tatsache, dass nun eben auch Frauen immer öfter in Berufe strebten, in denen früher vorrangig Männer anzutreffen waren. Der Dank für diese neue gesellschaftliche Realität, mit all ihren Möglichkeiten und Freiheiten, gebührt den Frauengenerationen vor mir.

Von meiner Seite und in meinem Umfeld war für den beruflichen Einstieg und für die frühen beruflichen Erfolge als junge Frau nicht allzu viel Mut oder gar Rebellion notwendig. *Anders sein* war durchaus gefragt. Wenn ich mir etwa in den späten achtziger oder den frühen neunziger Jahren meine Haare vorübergehend türkis oder lila gefärbt habe, hat das in meinem Umfeld niemanden schockiert. Solche kleinen rebellischen Gesten im Sinne der Emanzipation waren nicht mehr *gefährlich,* sondern im Gegenteil: Sie machten junge Frauen meiner Generation eher noch interessanter. Sie waren *en vogue.*

Worin bestand aber nun *meine* Emanzipation?
Mein *Bewusst-Weitergehen?*

Meinen eigenen und eigentlichen Emanzipationsprozess würde ich als vorsichtiges und mutiges Voranschreiten auf einem kaum (kaum mehr) sichtbaren Weg beschreiben.

Als abenteuerliche Reise in ein mir unbekanntes Land, für die ich erstmals wirklich meinen ganzen Mut zusammennehmen musste.

Diese Reise führte mich hin zu meiner eigenen Weiblichkeit.

Zu meiner Mütterlichkeit.

Zu meiner eigenen Spiritualität.

Es war eine Reise voller Überraschungen.

In ein Land, auf das ich weder zu Hause noch in der Schule vorbereitet worden war.

Beziehungsfähigkeit. Keine andere Reise hat meine Knie jemals so sehr zum Schlottern gebracht wie diese.

Unterwegs bin ich meinen größten Ängsten begegnet.

Ich machte Bekanntschaft mit meinem Weinen und meinem Lachen, meinem Hadern, meiner Bitterkeit.

Und meiner Liebe.

Es war wie auf einer Reise in ein Land, das mir zunächst noch sehr fremd war, in dem meine Seele aber schon hätte wohnen wollen.

Familiensinn

In diesem Leben war ich über recht lange Zeit eine erfolgreiche Einzelkämpferin, genau das hat mich das damalige Schulsystem ja auch gelehrt.

Ich weiß nicht, ob aus mir noch ein wirklich ausgeprägter Familienmensch werden kann.

Was ich von mir aber immerhin mittlerweile behaupten kann: Ich bewege und entwickle mich allmählich eindeutig in diese Richtung.

Und ich habe nun einen echten *Familienmenschen* an meiner Seite.

Ich habe ihn ganz nahe bei mir.

Innen wie außen. Außen wie innen.

Das ist vielleicht meine wichtigste Erkenntnis.

Parallel zu meiner beschriebenen Reise haben sich auch die äußeren Umstände meines Lebens unübersehbar verändert.

Wenn ich mich heute in meiner Familie umsehe, dann fällt mir auf: Nicht nur die Frauen haben sich der Zeit entsprechend verändert. Auch die Männer sind in ihrer Rolle und in ihrem Selbstverständnis neu angekommen.

Nach einer längeren Zeit der Abwesenheit sind die Männer *in die*

Familie zurückgekehrt. In die Vaterrolle. In die Großvaterrolle. Die Männer nehmen nun intensiv am familiären Geschehen teil. Sie gestalten unser Zusammenleben mit. Sie sind lebendig, liebevoll, kraftvoll. Und ich erlebe sie oft auch als heiter und gelassen.

Gregor kann der unbändigen Lebensfreude von Kindern sehr spielerisch begegnen.

Er verstellt sich nicht, sondern im Gegenteil: Gregor bleibt beim gemeinsamen Spiel gänzlich *in seinem Element.*

Er spielt mit Kindern häufig entspannter als ich, oder zumindest kommt mir das so vor.

Ich staune außerdem immer wieder darüber, wie locker Gregor die notwendige Arbeit im Haushalt verrichtet. Ich sehe bei ihm keinerlei Bitterkeit.

Er nimmt den Staubsauger in die Hand und tut das ohne die Last der Erfahrungen von früheren Generationen.

Er tut das Notwendige *mit Leichtigkeit.*

Vielleicht kann ich irgendwann auch da hinkommen.

Ich möchte die Zeit, die ich meiner Familie schenke, allzu gerne als jene Zeit sehen, in der ich ganz einfach das *Wichtige* tue. Das, was uns allen gut tut. Und was deshalb auch mich glücklich macht.

Ich kann das nicht immer so sehen, aber immer öfter.

Glücksmomente

Emmanuel wird im September in den Kindergarten gehen. Er kann sich selbst die Schuhe an- und ausziehen, er probiert sich mit Leidenschaft an allen erkennbaren Grenzen und ist ein fröhliches und aufgewecktes Kind.

Ich schaue ihn an, und auch wenn ich gerade schlecht drauf bin, schenkt er mir eine kleine Sonne.

Beim Frühstück auf der Terrasse gibt es Vanillejoghurt mit süßen,

frisch geernteten Erdbeeren. Emmanuel will gefüttert werden, er legt den Löffel hin, spricht mit den Augen: *Du bist dran!* Als ich für ihn die letzten Löffelchen zusammenkratze, spricht er versonnen und ohne vom Joghurtnapf aufzublicken mit vollmundiger Dankbarkeit in die Schüssel hinein:
Ich laub... du bist... meine Lieblingsmama. ... Ja.

Zum dritten Geburtstag hat er sein eigenes Zimmer bekommen. Ein paar Regale, einen Kasten, eine kleine Hängematte zum Schaukeln und zum gemeinsamen Bücheranschauen. Daneben hängt eine Strickleiter, die Emmanuel derzeit besonders gerne mag.
Emmanuel hat sich riesig über sein eigenes Zimmer gefreut. Jeder Besucher, der unser Haus betritt, wird sofort von ihm eingeladen. Jeder darf sich, jeder soll sich, nein eigentlich jeder *muss* sich sein Zimmer anschauen: *Hast du son mein Zimmer sehen?*
Das Bett ist eine große Matratze auf einem Lattenrost und befindet sich auf dem Boden, denn unser Kleiner bewegt sich im Schlaf, und so kann er nicht von oben hinunterfallen.
Gregor und ich, wir schlafen ab nun im Zimmer nebenan (endlich wieder ein eigenes Eltern-Schlafzimmer!). Wenn Emmanuel aufwacht, kann er uns jederzeit rufen. Es sind nur ein paar Schritte, ich geh dann hinüber, wir schlafen weiter und kuscheln miteinander.
Heute am Vormittag lief Emmanuel triumphierend durch die Küche und schmetterte durch unser Wohnzimmer: *Ich! Heiße! Bättmänn!*
Ich frage mich gerade, wann und wo er den Superhelden kennengelernt hat, da fügt er selbst seine Erklärung zu Batman an: *Na, weil... ich slaf son... in meinem eigenen Bäätt!!*

Die süße Freude solcher Augenblicke lässt sich mit Worten nicht wirklich beschreiben. Sie rieselt durch einen hindurch, sie dehnt das Herz, lässt es weit werden und lachen.
Mein kleiner Bättmänn und seine Freude über sein eigenes Bett...
Momente wie diese lassen mich erkennen, worum es mir in diesem Leben in erster Linie geht: um Unmittelbarkeit.
Und wenn in Ratgebern manchmal das *Leben im Moment* als direkter

Weg zum Glück empfohlen wird, dann müsste wohl genau so etwas damit gemeint sein.

Diese Unmittelbarkeit habe ich am ehesten im Zusammensein mit meinen Kindern gelernt.

Unterstützung war gestern

Ich erinnere mich an ein Gespräch, das ungefähr ein halbes Jahr zurückliegt.

Wieder einmal kreisten unsere Gedanken um die Frage, wie sich unsere aktuellen Vorhaben in der zur Verfügung stehenden Zeit verwirklichen lassen.

Gregor hat mir in diesem Gespräch einmal mehr versichert, dass er mich zu Hause und bei den Kindern, so gut er dies könne, *unterstützen* wolle.

Kurze Gesprächspause.

Beim Wort *unterstützen* bin ich gedanklich hängen geblieben.

Was bedeutet es, wenn jemand sagt, er wolle seine Frau bei der Hausarbeit und bei der Arbeit mit den Kindern unterstützen?

Für mich steckt in dieser Formulierung die Grundidee, dass die Frau nach wie vor die Hauptverantwortung für diese Bereiche trägt, und dass der Mann liebenswerterweise für sie einen Teil dieser Last übernimmt.

Ich habe aber mittlerweile ein ganz anderes Bild von uns als Familie.

Gregor hat seinen Teil Elternarbeit längst übernommen. Dieser Teil ist eine Hälfte des Ganzen, und Gregor trägt für diese Hälfte die volle Verantwortung, genauso wie ich für meine.

Diese Verschiebung, wie sie bei uns mittlerweile stattgefunden hat, hat mir ein anderes Lebensgefühl ermöglicht.

Sie verlangt mir zwar ab, immer reibungsloser zu kooperieren: Ich entscheide nicht mehr alleine über das, was unsere Kinder betrifft. Meine frühere Führungsrolle in Sachen Familie musste ich also aufgeben. Möglicherweise wird dadurch für mich manches sogar komplizierter. Aber ich bin ein großes Stück freier geworden.

Während unseres Gespräches über die Rollenverteilung gab es einen kleinen, feierlichen Moment der Ruhe.

Ich hatte den Eindruck, dass Gregor meine Gedanken über seine neue Position innerhalb der Familie mit Genugtuung zu sich nahm, und dass er sie als *Aufwertung* empfand: mehr Arbeit, aber eben auch mehr Verantwortung und Mitbestimmung bei allem, was unsere Kinder betrifft. Und so hatte ich es auch gemeint.

Mit seiner aktiven Vaterrolle fallen Gregor aber auch andere Themen zu, die bisher vor allem mich beschäftigt haben. Er steht jetzt wesentlich mehr unter Zeitdruck als früher. Er fragt sich:
Wann und wie kann *er* sich ein bisschen *Zeit für sich* nehmen?
Wie kann es ihm unter diesen Umständen gelingen, *Musiker* zu sein?
Wie kann er in der sehr begrenzten Zeit, die ihm nun dafür bleibt, möglichst umfassend *kreativ* bleiben?
Wie kann er sich zusätzlich *neue Betätigungsfelder* erschließen, die inhaltlich für ihn interessant *und* von den zeitlichen Abläufen her mit dem Familienleben vereinbar sind?

Berufstätige Mütter kennen alle diese Fragen.
Solche Fragen beschäftigen nun also auch meinen Liebsten.
Ich verstehe ihn nur allzu gut!
Das Dumme ist nur: *Seine* und *meine* ganz ähnliche Bedürfnisse nach einem möglichst großen eigenen Handlungsspielraum stehen einander nun diametral gegenüber. Das wird besonders stark spürbar, wenn bei uns gerade schlechte Stimmung eingezogen ist. Das Verhandeln um Freiräume wird dann zur Belastungsprobe für unsere Beziehung.

Was uns zusammenhält

Nun habe ich schon viel darüber geschrieben, dass wir uns die Familienarbeit aufteilen. Die Kooperationsfähigkeit hat also in unserer Elternbeziehung einen sehr hohen Stellenwert. Sie war aber natürlich nicht der Grund, warum wir uns als Liebespaar füreinander entschieden haben.

Was hat uns damals zusammengeführt? Und wie könnte ich beschreiben, was uns nach wie vor zusammenhält?

Würde ich Gregor einen Brief darüber schreiben, dann würde ich mich zuallererst bei ihm bedanken. Dafür, dass er mich in die Arme nimmt, wenn ich zaudere. Dass er mich wärmt, auch wenn ich mich gerade distanziere. Ich würde mich bedanken für seine Bereitschaft, aufrichtig mit mir zu kommunizieren.

Ich würde schreiben:

Mein Liebster, was mich bei Dir von Anfang an so beeindruckt hat, war Deine Wahrhaftigkeit. Diese besondere Qualität zeigt sich in Deinen Worten und in Deinem Tun. Sie zeigt sich in ernsten Momenten genauso wie beim Herumblödeln.

Diese Wahrhaftigkeit hat mir das Gefühl gegeben, dass ich bei Dir frei atmen kann, und dass ich mit Dir bleiben will. Die Achtsamkeit, mit der Du mit Menschen, aber auch mit Tieren, mit Pflanzen oder mit Dingen umgehst, ist in unserem Zusammenleben auch für mich zu einem besonderen Geschenk geworden. Sie nährt mich, und sie nährt im besten Sinne auch unsere beiden Kinder. Dafür möchte ich Dir von ganzem Herzen danken!

Unsere Beziehung wäre nicht das, was sie ist, ohne unsere ehrlichen und manchmal anstrengenden Gespräche. Danke, dass Du Dich mit mir gemeinsam auf die Suche nach einer Sprache für unsere schwierigeren Themen gemacht hast! Wie gut, dass wir es nicht bei unseren früheren, zermürbenden Streitereien belassen haben ...

Heute weiß ich, dass wir in unseren Dialogen, auch in verfahrenen Situationen, immer wieder neu aufeinander zugehen können.

Für mich ist dieses Wissen wie ein neues Fundament. Es ist für mich von unschätzbarem Wert, und hat mir den Glauben gegeben, dass ein Zusammenleben möglich ist.

*Was ich an Dir ganz besonders schätze, ist Deine Offenheit
für Neues.*

*Wann immer ich Dir mit Begeisterung von etwas Neuem
erzählt habe, hast Du mich ermutigt, meiner Begeisterung
zu folgen. Du hast immer wieder gesagt: „Mach es! Wenn
Dich das glücklich macht, dann fang am besten gleich
damit an.“*

*Oft hast Du mich dann auch tatkräftig unterstützt,
indem Du mir den Rücken frei gehalten hast. Indem Du
jeweils mehr Hausarbeit und mehr Zeit mit den Kindern
übernommen hast, damit ich zur selben Zeit anderen
Prioritäten nachgehen konnte.*

*Ich glaube, es gibt nicht sehr viele Männer, die ihre Frauen
so sehr darin bestärken, ihren eigenen Weg weiterzugehen.
Genau deshalb fühle ich mich an Deiner Seite noch freier als
ich es alleine je sein könnte. Dafür bin ich Dir sehr dankbar.*

*Nun sind wir schon einen recht weiten Weg miteinander
gegangen.*

*Früher, da hat es des Öfteren Momente gegeben, in
denen wir beide am liebsten davongerannt wären. Aber
irgendetwas hat uns zum Glück immer zurückgehalten.
Ich danke Dir, dass Du auch in den schwierigen Situationen
immer bei mir geblieben bist.*

Danke, dass Du mich nie allein gelassen hast.

Danke, dass Du mir zugehört hast.

*Und danke für die vielen Momente des Glücks
und der gemeinsamen Leidenschaft.*

Licht und Schatten

Victoria ist vierzehn und Emmanuel ist drei Jahre alt.
Gregor und ich, wir sind nun seit sieben Jahren ein Paar.
Sieben gemeinsame Jahre liegen also hinter uns.
Wir werden älter, wir werden ruhiger.

Wir haben aneinander und miteinander gelernt.
Was der andere mag und worüber er sich freut.
Was ihn unangenehm berührt.
Wie man einander zuhört.
Wann man einander besser aus dem Weg geht.
Wer von uns beiden was besonders *gut* kann,
und wer was am liebsten *gar nicht* machen möchte.

Unsere Beziehung hat sich eingespielt,
und ich meine das im besten Sinne dieses Wortes.
Licht und Schatten,
die beiden Seiten unserer Beziehung sind uns mittlerweile vertraut.
Da gibt es die gegenseitige Faszination und das Bereichernde.
Aber natürlich haben wir in unserem gemeinsamen Haus im Laufe
der Jahre miteinander auch schon andere Erfahrungen gemacht.
Frustration oder Enttäuschung. Und das Gefühl, dass der andere *nervt*.

Versorgung. Gemeinschaft.

Beim Ankommen in meiner Rolle als Mutter und beim sehr langen
Abschiednehmen von früheren Gewohnheiten, von Freiheiten, Ar-
beitsweisen, von meinem gewohnten, guten Einkommen, habe ich
mich sehr oft *verlassen* gefühlt.
Verlassen von Gott und der Welt.
Verraten von den sogenannten Spielregeln in unserer Gesellschaft.

Das Wort *verlassen* hat in der Zwischenzeit bei mir aber auch einen
zusätzlichen und wohligeren Klang bekommen. Noch eine zusätzliche
Bedeutung. Heute denke ich, dass ich mich auf Gregor *verlassen kann*.
Gleich daneben steht aber bei mir noch etwas anderes: Sich verlassen
können auf eine einzige Person, kann das und soll das wirklich ausreichend sein? Als Basis für eine ganze Familie? Auch für die Kinder,
über Jahrzehnte, und letzten Endes für ein ganzes Leben?
Ein so starkes Aufeinander-angewiesen-Sein und eine so starke wech-
selseitige Abhängigkeit würde wohl bei den allermeisten Menschen

früher oder später zum Verlust von Anziehung und von Verliebtheitsgefühlen führen?

Ich bin müde. Und du?
Ja, ich auch.

Als Frau und auch als Mutter möchte ich nicht deshalb mit meinem Partner zusammenleben, weil es sein *muss*.
Ich möchte auch nicht mit ihm zusammenleben, weil es sich finanziell anders nicht ausgehen würde.

Wie wäre es, wenn wir beide, nämlich als *Eltern,* uns *verlassen* könnten auf eine ganz andere gesellschaftliche Realität? Eine Gesellschaft, die Mütter und Väter eben nicht automatisch als Versorgungsgemeinschaft definiert, sondern sie als eigenständige Individuen mit Bedürfnissen und Wünschen begreift. Ich träume, und meine Gedanken bekommen Flügel. Ich breite mich aus in dieser schönen Fantasie.
Ich möchte mich so gerne verlassen können auf eine grundlegende Priorität des möglichst guten Lebens für alle Individuen in diesem gesellschaftlichen Verband.
Ich wäre gerne ein menschenkleiner Teil in einer Gesellschaft, die ihre Kinder und deren aktive Eltern bewusst wahrnimmt und sie tatkräftig unterstützt.

Kinder wären, wenn wir eines Tages in dieser anderen gesellschaftlichen Realität lebten, nicht länger vordergründig eine *Last.*
Eltern wären wieder zum Menschsein befreit.
Sie hätten nicht mehr das Hauptanliegen, dass ihre Kinder irgendwo anders möglichst lange und kontinuierlich *untergebracht, erzogen und kontrolliert* werden sollten.
Oder möglichst *effizient* und *aussichtsreich ausgebildet* werden sollten.
Erwachsene könnten in dieser anderen Realität wieder frei darüber entscheiden, wann und in welchem Ausmaß sie sich dem Privaten, dem Familiären zuwenden wollen.

Und ihre Kinder wären in dieser Realität wieder: der Inbegriff von Vitalität und Lebensfreude.

Die Erwachsenen würden in dieser *anderen* Gesellschaft die Gegenwart von Kindern wieder als ihre allergrößte *Chance* begreifen.

Als Brücke zu ihrer eigenen Heiterkeit. Als Chance zur Herzöffnung und als Chance, den Kopf endlich zum Schweigen zu bringen.

Als Chance auf Leichtigkeit und Lachen und auf die unbändige Kraft der Authentizität.

Afrikanisches Dorf

Ein afrikanisches Sprichwort sagt: *Um ein Kind großzuziehen, braucht man ein ganzes Dorf.*

In so einem afrikanischen Dorf würde ich gerne leben!

Ich spüre sehr oft, dass mir hier im gemieteten Knusperhaus der regelmäßige Austausch mit Menschen fehlt. Ich brauche, um mich selbst zu erkennen und auch um mich weiterentwickeln zu können, eine Gemeinschaft, in der ich befreundet, gefordert, in der ich also vernetzt sein kann. Ich brauche Freundinnen und Freunde, aber auch zufällige Bekannte, Menschen aus der erweiterten Nachbarschaft, zum gemeinsamen Nachdenken, und für das gemeinsame Herangehen an die alltäglichen Herausforderungen.

Ich möchte in Zukunft weniger Dinge besitzen.

Ich möchte mich mehr mit anderen austauschen: Ich möchte Dinge, die ich nicht ständig brauche, gerne herborgen und ich würde selbst möglichst oft auch ohne *Eigentum* verschiedene Dinge benützen können.

Für solche Wünsche braucht es aber ein entsprechendes Umfeld.

Gregor und ich, wir liebäugeln aktuell mit einem Wohnprojekt, das so ein Leben in einer größeren Gemeinschaft ermöglichen könnte.

Da gibt es eigene, abgeschlossene Wohnungen für einzelne Familien oder Wohngemeinschaften, und darüber hinaus gibt es großzügige Gemeinschaftsflächen, sowohl drinnen als auch im Freien. Räume für Austausch und für gemeinsame Projekte.

Idealerweise gäbe es dann noch einen Wald ganz in der Nähe. Und möglichst viel Sonne. Und eine möglichst gute Anbindung an das öffentliche Verkehrsnetz. Und, und, und.

Hinter all diesen Vorstellungen steht jedenfalls die Idee, dass das Leben *miteinander* für alle reicher wird. Dass Menschen in Gemeinschaft besser leben können als für sich alleine.

Mein afrikanisches Dorf.

Ich träume immer wieder davon, dass sich die Erwachsenen gemeinsam für das Aufwachsen der Kinder verantwortlich fühlen. Nämlich für die bestmöglichen Chancen *aller* Kinder in einer Gesellschaft.

Ich wünsche mir, dass nicht nur ich meine Kinder liebe. Dass nicht nur wir, Karin und Gregor, unsere beiden Kinder lieben.

Ich wünsche mir eine Gesellschaft, die ihre Kinder liebt!

Graben im Boden der Realität

Seit einiger Zeit arbeite ich in einem großen Gemeinschaftsgarten mit. Unglaublich, was man *mit vereinten Kräften* alles machen kann! Wir vergraben im Frühjahr Erdäpfel oder Erbsen im Boden, wir setzen viele verschiedene Pflänzchen auf das Feld. Sellerie, Karotten, Porree oder Mangold. Bohnen, verschiedenste Paradeiser, Fisolen und noch vieles mehr. Wir jäten, gemeinsam oder abwechselnd, und wir hegen und pflegen unsere essbaren Pflanzen. Hier gehört alles *uns allen,* und es wächst mehr, als wir essen oder verarbeiten können.

Wenn ich im Sommer mit selbst geerntetem Gemüse oder Salat von unserem Feld nach Hause komme, dann bin ich *reich.*

Als ich vor Kurzem an einem relativ kühlen Abend mit meinen Händen ein paar Erdäpfel aus der feuchten, warmen Erde grub, bin ich im Boden einem sehr umfassenden Wunder begegnet.

Die Luft war kühl und die Erde war an der Oberfläche vollkommen ausgetrocknet und rissig. Es hatte schon über ein paar Wochen kein einziges Mal geregnet, der Boden war steinhart, er fühlte sich an wie Beton. Als ich mich aber ein paar Zentimeter in die Tiefe gearbeitet hatte, kam ich ins Staunen. Die Erde hier war nicht nur feucht und weich, sie war *warm* und wurde, je tiefer ich grub, umso wärmer. Die Sonne hatte sie den ganzen Tag über erwärmt, und hier unten im feuchten Grund blieb diese Wärme bis in den späten Abend und bis in die Nacht hinein erhalten.

In jenem Moment des Grabens war ich von diesem feuchtwarmen Milieu wie verzaubert.

So also fühlt sie sich an, die in lateinamerikanischen Liedern immer wieder besungene *Mutter Erde ...!*

Herzklopfen. Aufgeregtes Pulsieren in meinem Kopf. Bei Mercedes Sosa hatte ich es öfter gehört und auch bei anderen Sängerinnen aus Lateinamerika. *Pachamama,* die Lebenspendende, die Nährende. Ich erinnere mich an Lieder der Dankbarkeit für diese große Mutter Erde, aber auch an schwermütige Melodien zu Texten über das, was Menschen in ihrer Gier dieser geduldigen Mutter alles angetan haben.

Hier, am Kartoffelacker, war ich mit einem Mal bei Pachamama angekommen.

Meine Finger wühlen noch im warmen Grund, sie suchen nach den Knollen.

Ich finde mich selbst und bin gleichzeitig ein wenig entrückt.

Auf eine für mich ganz neue Weise nehme ich Verbindung auf mit diesem warmen Boden und mit seiner urweiblichen Kraft.

Einkaufsparadies

Kauflust in einem Tempel der Konsumgesellschaft.

Ein paar Stunden in einem schwedischen Möbelhaus und ich muss Farbe bekennen: Ich bin dieser halbfröhlichen Welt des Habenwollens noch lange nicht entwachsen.

Ich bin wieder draußen, bin im Freien, befinde mich jetzt auf dem Parkplatz.

Ich muss erst schauen, was ich da alles in meinen Einkaufswagen gelegt habe. Ich staune: Habe ich das alles wirklich gerade gekauft?

Ich schiebe den Wagen durch das Parklabyrinth zu meinem Auto und greife hilfesuchend zu einem Anhänger, den ich an einem Lederband um meinen Hals trage. Dieser Anhänger ist ein Geschenk von Victoria. Ich bekam ihn von ihr zu meinem Geburtstag im vorigen Herbst.

Während ich gerade mit dem sehr großen, sehr vollen Einkaufswagen den zufahrenden und abfahrenden Autos ausweiche, umfasst also meine rechte Hand diesen Glücksbringer. Sie hält ihn fest und ich schließe unwillkürlich für einen Moment meine Augen. *Wie gut, dass ich jetzt wieder nach Hause fahren kann!*

Ich öffne die Augen und sehe: bunte Geschirrtücher, weiche Tortenformen, verschiedenste Bilderrahmen und ausgesprochen nette Dessertgläser. Ich sehe Leuchtgirlanden. Lauter Dinge, von denen ich weiß, dass ich sie nicht wirklich benötige. Ich habe mich hinreißen lassen, und dass mir das in diesem Geschäft passieren würde, war schon von vornherein klar.

Ich fahre nach Hause, die Distanz zum Einkaufsrummel wächst. Der Rausch ist im Abklingen. Es ist still hier im Auto und die Vibrationen des Motors schütteln meine Zellen sanft durcheinander. Sie führen mich in eine angenehme Entspannung.

Ich werde ruhig, ich habe keine Gedanken.

Während der Fahrt über die Autobahn komme ich in diesen meditativen Zustand. Nachrichten aus meinem Inneren diffundieren langsam aus der Tiefe an die Oberfläche meines Bewusstseins. Wie oszillierende Seifenblasen steigen sie auf.

Mein Mädchen, meine Tochter!
Wie gut, dass es dich gibt!

Delfinkind

Victoria hat schon als Kleinkind die wichtigen Fragen gestellt.

Eines schönen Morgens, gleich nach dem Aufwachen, wir beide noch im Bett und ich überhaupt noch im Halbschlaf, piepste sie die Frage aller Fragen spontan in mein Ohr:

Mamaa?
Was heißt eigentlich ... Liebe?

Bereits im süßesten Kindergartenalter haben sie Zukunftsfragen beschäftigt: *Duu, Mamii?*

Ihr Tonfall war einschmeichelnd, es klang so, als ob sie gleich nach einem Schokoladelebkuchen hätte fragen wollen. Die liebliche Einleitung mündete dann aber in eine völlig unerwartete Frage: *Wann komm ich jetzt eigentlich in diese . . . Hoppertät?*

Victorias große dunkle Haselmausaugen haben gefunkelt, knisternde Unternehmungslust und Aufbruchsstimmung lagen in der Luft. Es war, als wollte dieses kleine Mädchen fragen, wann jetzt endlich für sie das wirklich große Abenteuer beginnen würde.

Neun oder zehn Jahre später, und wir befinden uns quasi in medias res. Meine Tochter ist gerade mitten in der Lebensphase mit der schönen Bezeichnung Pubertät angekommen.

Erzählt also zu Hause sehr wenig von sich. Und stellt höchstens lapidar ein paar Fragen über zulässige und unzulässige Anwendungen von diversen Rauschmitteln.

Immerhin, diesbezüglich unterstellt sie mir also derzeit gerade noch einen minimalen Erfahrungsvorsprung.

Wie alle Mütter, die sich mit ihren Kindern in dieser Loslösungsphase befinden (ich glaube, hier ist diese Verallgemeinerung ausnahmsweise zulässig), habe ich nun sehr oft das schmerzliche Gefühl, dass sich meine Tochter ohne erkennbaren Grund mir gegenüber ziemlich distanzierend verhält.

In meinen *Gedanken* kann ich diesem Verhalten sogar zustimmen, denn mir ist durchaus nachvollziehbar, dass das ganz normal und altersgemäß vollkommen richtig ist.

Aber meine *Gefühle* sind anders. Voller Wehmut blicke ich zurück auf fröhliche, gemeinsame Momente mit meiner kleinen Tochter. Ich idealisiere im Rückblick die vergangenen Zeiten und sehne mich zurück nach Mutter-Tochter-Harmonie. Von den Zurückweisungen, die mich meine Tochter derzeit recht häufig spüren lässt, fühle ich mich mitunter richtig gekränkt.

Mitten in dieser Phase, an meinem 43. Geburtstag, hat mir Victoria aber auch ein ganz anderes Zeichen gesetzt, es war verpackt mit türkisem Seidenpapier.

Als ich vorsichtig den Klebestreifen löste und das kleine Päckchen öffnete, wurde ein Bergkristall sichtbar. Victoria wollte nicht mehr länger warten.

Weißt du, was das ist, Mama?

Für eine Antwort blieb keine Zeit.

Meine Tochter erklärte mir mit Stolz: *Das ist ein Mutterkristall.*

In meiner Hand hielt ich nun einen Doppelbergkristall: Victoria hatte mir einen Kristall geschenkt, der aussah, als würde er einen kleineren Kristall halten. Alles war hell und klar und es sah aus, als würde der größere den kleinen liebevoll tragen.

Dieser Anblick war Balsam für mein pubertätsgerütteltes Mutterherz. Victoria erzählte mir aufgeregt, dass dieser Stein im Geschäft wirklich als *Mutterkristall* angeschrieben war. Sie *musste* ihn mir kaufen.

Ich habe einen Silberschmied gebeten, mir ein Häubchen und eine Öse draufzusetzen, und so ist aus diesem Bergkristall ein Anhänger geworden, den ich sehr gerne um den Hals trage. Wenn ich ihn anschaue, dann sehe ich eine Mutter, die ihr kleines Kind trägt. Und an den Zauber des Moments, als ich ihn von Victoria geschenkt bekommen habe, wird er mich wohl noch viele Male erinnern.

Ein dreiviertel Jahr später. Victoria ist ein junges Mädchen mit dem Aussehen einer jungen Frau. Ich erlebe sie als ausgesprochen selbstständig, und das war sie eigentlich schon immer. Sie erledigt ihre verschiedenen Aufgaben mit Leichtigkeit. Ein typischer Dialog bei uns hier zu Hause:

Hast du gar keine Aufgaben?

... Dooch, ... aber die hab ich schon im Zug gemacht.

Keine Vokabeln zu lernen?

... M-mm.

Victoria ist schon wieder in ihrem Zimmer verschwunden, sie telefoniert, sie schreibt Mails, sie unterhält sich via Facebook.

Es gäbe, hat sie mir gerade noch zugerufen, auch sonst nichts, was ich sie abfragen könnte. Und dabei hätte ich ihr doch so gerne noch ein Weilchen beim Aufgabenmachen und beim Organisieren geholfen!

Victoria sagt, mit der *Mutter* bespricht man in ihrem Alter keine persönlichen Sachen. *Keine* von ihren Freundinnen würde *so etwas* tun. Dass sie *mir* nichts erzählen wolle, sei *ganz normal.*

Ich sehe zu, wie meine Tochter heranwächst. Wie sie sich mehr und mehr in ihre eigenen Netzwerke hineinbewegt.

Und wie ihr das alles *gar nicht schnell genug* gehen kann.

In meinem Alter fühlt sich die Zeit aber bereits an, als würde sie sich ständig beschleunigen. Als Mutter einer nun jugendlichen Tochter hätte ich gar nichts dagegen, wenn ich die Zeit hie und da ein wenig anhalten könnte. Solange Kinder noch klein sind, überlegt man sich oft, was man alles *endlich wieder* machen würde, wenn sie irgendwann einmal größer sein werden. Aber nun, da meine Tochter bereits tatsächlich sehr selbstständig geworden ist, genieße ich jeden unbeschwerten gemeinsamen Moment.

Während mein Mädchen augenscheinlich immer unabhängiger wird, denke ich oft daran, wie alles angefangen hat.

Ich denke an die Zeit, als ich zum ersten Mal eine werdende Mutter war.

Wie naiv ich damals war.

Ich war, wie alle Frauen während ihrer ersten Schwangerschaft, noch vollkommen ahnungslos.

Ich wusste damals nur, dass sich mein Leben verändern würde.

Dass ich mich auf etwas Neues zubewegte.

Auf etwas, das ich nicht kannte.

Ich war bereits im siebten, fast schon im achten Monat schwanger, als

ich mit Bekannten in den Sinai gereist bin. Wir hatten erfahren, dass es dort an einem bestimmten Küstenabschnitt einen wild lebenden Delfin gab, der gerne die Nähe von Menschen aufsuchte und mit ihnen in Kontakt trat. Mitunter, so hatten wir gehört, sollte er sogar sehr intensiv mit den Badenden und Schnorchelnden kommunizieren.
So etwas zu hören, hat mich neugierig gemacht.

Die Begegnung mit dem Delfin war eine Erfahrung, die alles übertraf, was ich bisher gekannt hatte. Ich glaube nicht, dass man so eine Erfahrung wirklich in Worte fassen kann. Aber vielleicht kann ich den Zauber dieser Begegnung anklingen lassen.

Mein erster Eindruck war: *mächtig.*
Das Delfinweibchen war ausgewachsen und kräftig, und durch das Glas meiner Taucherbrille sah es wahrscheinlich noch einmal um vieles größer aus. Und wie bereits zu sehen war: Auch dieser Delfin trug ein Junges im Bauch.
Zehn Tage lang kam sie nun also wirklich immer wieder zum gemeinsamen Schwimmen.
Es fühlte sich an wie eine Einladung.
Komm und tauche noch tiefer hinunter! Tauche tiefer ein in mein Element.
Hinunter!
Ich glaube, dass niemand sich bei so einer Begegnung der Faszination, die von einem Delfin ausgeht, entziehen könnte. Ich jedenfalls war mit jeder Faser meines Seins, mit all meiner Aufmerksamkeit und Gespanntheit auf dieses Wunderwesen im Meer ausgerichtet.
Meine Augen weit offen, meine Ohren hoch sensitiv.
Ich höre den eigenen Atem im Schnorchel auf- und abrauschen.
Ich höre hin und dann auch wieder weg.
Ich weiß nicht, was sein wird, bin voller gespannter Erwartung.
Ich sehe den großen Körper des Delfinweibchens, und empfinde dabei eine gehörige Portion Respekt.
Ihre Bewegungen waren ruhig, sie schien mich bewusst *nicht erschrecken* zu wollen.

Und ihre Energie war nicht spielerisch oder gar lustig, sondern *erhaben* und *ernsthaft*.

Wenn Delfine kommunizieren, dann kümmern sie sich um das, was für ihren *Gesprächspartner* gerade am Allerwichtigsten ist. Um den unmittelbar bevorstehenden nächsten Schritt im Leben eines Menschen.
Sie kommunizieren telepathisch, und sie tun das mit ungeahnter Wucht.
Man muss nichts entschlüsseln, die Botschaften sind klar. Sie sprechen zwar nicht, sie bewegen dabei also nicht ihren Mund wie die Tiere in verschiedenen Fabeln. Aber das, was bei uns Menschen im Zusammensein mit einem Delfin ankommt, ist auch auf einer verbalen Ebene eindeutig verständlich.

Dieser Delfin sagte zu mir, immer wieder: *Sei mutig.*
Du musst ab jetzt noch viel mutiger sein.
Und: *Ab jetzt wirst du auch dorthin schauen müssen, wo du es bisher vermieden hast.*

Sie lud mich ein, mit ihr *in die Tiefe* zu tauchen.
Ich aber war ziemlich feige.
Ich bin vielleicht zwei oder drei Meter tief hinuntergetaucht, und danach bin ich stets wieder zur Oberfläche zurückgekehrt, zum Licht und zur Atemluft.
Immer wieder erfolgte die Einladung.
Komm mit! Es geschieht dir nichts! Es wird dich bereichern!
Das Delfinweibchen hat sich anscheinend darüber amüsiert, dass ich so ängstlich war.
War das ein Lächeln, oder hat sie mich gerade ausgelacht?
Diese Begegnung im Ozean hätte ich mir so niemals träumen lassen.
Viele Tränen sind in jenen Tagen in meine Taucherbrille geflossen, und haben sich mit dem salzigen Meerwasser vermischt.

Die wesentliche Botschaft hat das Delfinweibchen ganz langsam und behutsam bei mir ankommen lassen.
Sie hat mir Rätsel aufgegeben,
sie hat mich verwirrt,
und mich danach liebevoll durch mein Nichtwissen begleitet.
Wie in Wellen und in konzentrischen Kreisen ist die Essenz unserer Kommunikation in mich eingesickert.
Bedingungslose Liebe.
Ich habe verstanden,
und ich war gleichzeitig noch immer verwirrt.
Die ganze Tragweite dieser Botschaft reichte über meinen kleinen, rational geschulten Verstand weit hinaus. Aber ein Anfang war gemacht und die Botschaft würde nach und nach bei mir ankommen.

Etwa acht Wochen später kam meine kleine Tochter zur Welt.

Aller Anfang

Da lag sie also, in meinem großen, weichen Bett.
Neugeboren, winzigklein,
mit schwarzen, kurzen Haaren auf dem Köpfchen
und mit einem dunklen, hauchzarten Flaum auf dem kleinen Babyrücken.
Sie war das Schönste, was ich bis dahin in meinem Leben gesehen hatte.
Ich hätte endlos, endlos hinschauen können.
Nur dieses Kind anschauen
und es ganz sanft, ganz vorsichtig streicheln.

Nach ein paar Tagen waren erstmals ein paar Entscheidungen fällig.
Ich durfte und ich musste bald einen Namen auswählen für mein Kind, denn es war von nun an *mir* anvertraut.
Wie konnte ich aber sicher sein, dass der von mir ausgewählte Name

für sie auch der Richtige war? Ein ganzes Leben lang! Ich hatte Angst. Würde ich dieser neuen Verantwortung jemals gerecht werden können?

Ich hoffte, ich würde ihr stets eine gute Mutter sein.
Noch nie war mir etwas so wichtig gewesen.

Was es bedeutet, ein Kind zu haben, das erfährt man immer erst, wenn es so weit ist.
Eine *Tochter* zu haben, das hat für mich bedeutet, dass ich im Zusammensein und Die-Welt-neu-Entdecken auch meine eigene Entwicklung gefühlsmäßig noch einmal durchlebt habe.
Vieles, was ich mit meiner Tochter erlebt habe, kam mir so bekannt vor, als säße ein Teil dieser Geschichte auch irgendwo in meinen eigenen Zellen.
Meine Tochter war in vielen Momenten für mich wie ein Spiegel.
Und mitunter konnte ich durch diesen Spiegel auch auf mein *inneres Kind* schauen.

Einmal, da wollten wir ins Kino gehen, wir waren spät dran. Victoria war im Vorschulalter, und während ich immer hektischer zum Aufbruch drängte, verwandelte sie sich mehr und mehr in die Ruhe in Person.
Weißt du, Mama, wenn wir es eilig haben, dann gehe ich immer ganz langsam.
Hat sie wirklich gesagt. Mit Piepsstimme, sehr freundlich. Und es hat mich beeindruckt.
Schon als Kleinkind war mein Mädchen bewundernswert diplomatisch, und letzten Endes hat sie damit immer erreicht, was sie wollte.
Sie war nie renitent, hat aber auch niemals aufgegeben.
Sie war und sie ist wie der Tropfen, der jeden Stein auszuhöhlen vermag.

Über viele Jahre war die Magie unser Hauptthema.

Nachdem sich Victorias schönes, hölzernes Steckenpferd in ihrer Fantasie längst in einen Hexenbesen verwandelt hatte, und als unsere Wohnung für ihre magischen Experimente zu klein wurde, machten wir einschlägige Ausflüge nach draußen.

Wir suchten im Wald nach Spuren von Einhörnern und Elfen, denn wir hatten schon so viele Bücher darüber gelesen, dass wir gierig auf eine Begegnung im Wald geworden waren. Unter weiß blühenden Hollerbüschen? Oder waren sie vielleicht auf einer Herbstzeitlosenwiese? Oder doch, wie wir es immer wieder gelesen hatten, irgendwo am Ende eines Regenbogens?

Was als fantasievoller Spaß begonnen hatte, das haben wir mit der Zeit immer wichtiger genommen. Die Grenzen von Spiel und Realität sind immer öfter verschwommen.

Auch *meine* magische Seite wurde, als Gegengewicht zur gewohnten Betonung des Rationalen, in diesem Zusammensein mit meiner Tochter wiederbelebt.

Vor dem Einschlafen habe ich Victoria über viele Jahre hinweg kunstvoll erdachte Fantasiegeschichten vorgelesen.

Viele dieser Geschichten und auch die ganz besondere Atmosphäre beim Vorlesen waren wie Balsam für meine eigene Seele.

Ich sag, du bist ein Hai

Emmanuel will und braucht eindeutig ganz andere Geschichten.

Nun also ist *er* an der Reihe und ich finde mich plötzlich in einer ganz anderen Realität wieder.

Zum zweiten Mal habe ich ein kleines Kind ganz nah bei mir, und zum zweiten Mal dominiert mein kleines Kind meine Tage und meine Abende, mitunter auch meine Nächte. Aber diesmal gibt es keine Delfine.

Ein warmer Spätsommertag, und wir befinden uns zu dritt in unserem Garten. Wir planschen in unserem kleinen Pool. Das Wasser ist ungefähr einen Meter tief, sodass Emmanuel auf seinen Zehenspitzen durchtrippeln kann. *Ticki tacka ticki tacka,* so nennen wir das, wenn Emmanuel ohne sich festzuhalten vorsichtig durch das Wasser spaziert.

Ich kann zwar in unserem kleinen Pool nicht richtig schwimmen, ich kann mich aber klein machen und durchtauchen. Ich tauche also hin und her, immer wieder.

Warum taucht sie?

Ich höre Emmanuels Frage an seinen Papa, als ich gerade beim Auftauchen bin.

Ich wische mir das Wasser aus dem Gesicht und sage mit spielerischer Leichtigkeit: *Weil ... ich bin ein Delfin!*

Diese Antwort entspricht meinem Gefühl unter Wasser. Sie entspricht meinen Erinnerungen und entspricht meiner freudigen, freundlichen Sommersonnenwelt. Aber mitnichten.

Nnnein!!, sagt er laut. Und dann: *DU BIST EIN HAI!*

Ich weiß ja, aus dem Mund meines kleinen Sohnes ist das ein echtes Kompliment.

Weil ein Hai wirklich stark ist. Und mächtig. Gefährlich. Und überhaupt.

Ich seufze, der Delfin resigniert.

Ich verstehe, wir begeben uns jetzt auf die andere Seite. Hand in Hand geht es nun in das Land, in dem *seine* Fantasiegeschichten spielen.

Emmanuel faszinieren Wölfe und Löwen.

In seinen Geschichten gibt es außerdem Adler und Schlangen. Es gibt gefährliche Tiere und sehr starke. Außerdem gibt es Raketen und extrem trickreiche Fahrzeuge, die in diesen Geschichten oft noch mächtiger sind als die allermächtigsten von den gefährlichsten Tieren. Und es gibt die Feuerwehr. Seit etwa einem Jahr spielt die Feuerwehr hier bei uns eine überlegene Rolle. Sie ist Impulsgeberin für tausende von Rollenspielen. Feuerwehrschläuche, Feuerwehrautos, Feuerwehrhelme. Überall bei uns im Haus.

Auf der anderen Seite vom Mond

Mein Sohn gibt mir mitunter Rätsel auf.

Ich spüre, dass ich mit ihm bestimmt auch wieder etwas ganz Neues und für mich Wesentliches kennenlernen werde. Aber ich kenne mich in der Welt der kleinen Helden noch nicht so gut aus.

Emmanuel ist drei Jahre alt, er ist zuckersüß und soeben dem Windelalter entwachsen. Und er hat ziemlich geschlechtstypische Leidenschaften.

Da wäre zum Beispiel seine auffallende Affinität zu all meinen Freundinnen. Emmanuel liebt deren Körperlichkeit und ganz besonders liebt er ihre Bäuche. Er bewundert sie, er tastet sich fragend an die Bäuche meiner Freundinnen heran, und wann immer es ihm freundlich gewährt wird, kuschelt er sich unter ein T-Shirt oder unter einen Pullover, und drückt seine Wangen oder seine kleine Nase in den warmen Bauch einer Frau.

Und noch eine ganz andere geschlechtstypische Leidenschaft hat Emmanuel mit seinen drei Jahren schon sehr auffallend entwickelt: Er bewaffnet sich.

Was immer er sich greifen kann, wird zu einer Pistole oder zumindest zu einem Pfeil. Er imaginiert einen Köcher, und mit eng zusammengekniffenem Auge legt er seinen Pfeil an seinen imaginierten Bogen. Er spannt dessen Sehne, er fokussiert einen nicht vorhandenen Feind und sagt: *Ich siiiieß Dich!*

Alaaarm! Alaarm!
Peng! Peng!
Gleich ... habichdich!

Einsatzbereit

Mitten im Sommer, wir haben allerschönstes Kurzhosenwetter.

Ich höre meinen Kleinen leise klagend vom stillen Örtchen her nach seiner Mama rufen. Ich öffne die Klotür und vor mir steht Emmanuel mit einer leuchtend roten Schibrille auf dem Kopf. Die Brille aufzusetzen war für ihn kein Problem, aber die Badehose wollte irgendwie nicht wieder hinauf.

Hast du dir die Schibrille aufgesetzt?

Emmanuel schüttelt den Kopf.

Was ist das denn?, frage ich, und bekomme umgehend die Antwort:

Ein Feuerwehrhelm!

Feuerwehreinsätze, buchstäblich vom Aufwachen bis kurz vor dem Einschlafen. Unser Kind liebt die Helden von der Feuerwehr. Zahlreiche unsichtbare Helfer werden hier von ihm kommandiert, und alles läuft reibungslos. Meistens.

Gregor hat für Emmanuel ein Baumhaus gebaut. Es befindet sich an und in einem Nussbaum, hat mehrere Etagen, dazwischen Leitern und mehrere Fensterchen. Mit einem Kübelaufzug kann man Futter ins Dachgeschoss befördern.

Gregors Freude, als er das kunterbunte Haus aus so vielen Elementen gebaut hat, war unübersehbar. Ob er sich dabei immer wieder vorgestellt hat, wie Emmanuel das Häuschen in Besitz nehmen würde? Ob er gewusst hat, *wie* unser Sohn diesen Platz seiner kindlichen Fantasie unterwerfen würde?

Ich denke mir manchmal, dass Gregor sich in Emmanuels Fantasiegeschichten besser einfühlen kann als ich, weil ihm diese Welt ganz einfach mehr entspricht als mir. Er war ja auch einmal ein Bub.

Die beiden im Baumhaus, Aufenthalt mittlere Höhe.

Der kleine Balkon ist ab nun eine *Kommandobrücke.*

Dort oben steht Emmanuel und spricht mit lauter und eindringlicher Stimme zu mir:

Maamii?

Du bist ein Feuerwehrschlauch! (!!)

Verstanden, Mamii?

Er sagt es theatralisch, er spricht laut und jetzt beinahe pathetisch.

Ich bleibe äußerlich ganz ruhig. Ich wüsste auch gar nicht, was ich jetzt sagen soll.

Während ich beginne, darüber nachdenken, was diese mir zugeteilte Rolle gerade mit mir macht, ruft er von der Kommandobrücke herunter: *Und ich! Bin! Der Feuerwehrmann!*

In dieser Welt

Eine Zeit lang hatte ich wieder *ein schlechtes Gewissen.*
Ich dachte, ich wäre wohl keine sehr gute Mutter für meinen kleinen Sohn?
Was, wenn ich ihn nicht ebenso gut verstehen können würde, wie meine kleine Tochter damals? Es wäre *ungerecht.* Es wäre zu wenig.

Eines Tages kam mir ein rettender Einfall.
Ein Lichtstrahl, ein erlösender Geistesblitz!
Ist denn nicht gerade dieses Nichtwissen,
dieses *Nichtverstehen,*
das, was *Lieben* bedeutet?
Wer glaubt, dass er einen anderen schon durch und durch kennt, und wer annimmt, dass er schon *weiß,* was der andere denkt, wie er fühlt, was er möchte, … ist jener scheinbar Wissende nicht gerade dabei, die Geheimnisse der Liebe zu ersticken?
Liegt nicht gerade im *Staunen* über den anderen, im Nichtkennen, die besondere Anziehung und die Faszination? Und damit der Beginn jeder Liebe?

Fragen wie diese haben bei mir angeklopft, und als ich sie eindeutig mit Ja beantwortet habe, hat mir das die Gewissheit gegeben, dass ich auch für unseren kleinen Emmanuel genau die richtige Mama bin.

In diiisa Welt, sagte Emmanuel heute, als wir gerade wieder einmal auf Zehenspitzen (er) und Knien (ich) durchs Wasser hopsten.

In diiiisa söööönen Welt.

Damit endete dieser Satz.

Emmanuel sprach ihn ganz langsam und mit versonnenem Blick, er schaute auf die Reflexionen der Sonnenstrahlen im Wasser. Diese Lichtgirlanden haben mein Kind hypnotisiert und seine kindliche Begeisterung ist in diesem Moment warm und hell auch in mein Herz eingeströmt.

Mein kleiner Sohn. Und ich.

Wir sind hier, wir trippeln durchs Wasser und mein Herz jubiliert.

Es dehnt sich, es hüpft, es sagt: *Ich hab dich so lieb!*

Was sonst könnte in diesem Moment wichtiger sein?

Danksagung

Einige Freundinnen und Freunde waren beim Schreiben immer wieder für mich da, ihnen möchte ich dafür von ganzem Herzen danken.

Carl Werner Wendland, Kerstin Bartel, Grete Melzer, Waltraud Bauer, Nina Köck und Gerald Hüther. Ihr habt mir eure Zeit geschenkt und habt mein Manuskript aufmerksam gelesen.
In diesem Buch steckt auch euer Wissen und darüber hinaus eure Lebenserfahrung. Die konstruktive Kritik, wie ich sie von euch immer wieder einholen durfte, waren für mich eine unverzichtbare Hilfe.
Danken möchte ich auch meiner Lektorin Tanja Raich und meiner Verlegerin Barbara Köszegi, die mir vom ersten Moment an das Gefühl gegeben hat, dass sie an dieses Buch glaubt.

Befreit leben und lieben

Sabine und Roland Bösel
Warum haben Eltern keinen Beipackzettel?
ISBN 978-3-7015-0551-7
€ (A, D) 22,-
Auch als E-Book erhältlich

Unser Elternhaus hinterlässt Spuren. Es prägt unseren Charakter und unser Verhalten im Alltag und speziell in Liebesbeziehungen. Gibt es Probleme, dann lassen sie sich lösen, wenn wir diese Spuren zurückverfolgen und die Konflikte an ihrem Ursprung klären. In diesem Buch erfahren Sie, wie Sie Ihre Liebesbeziehung vom emotionalen Erbe der Eltern befreien.